▶ 重庆工商大学学术著作出版基金资助

新媒体广告传播的
问题与治理

宋　成◎著

西南财经大学出版社

中国·成都

图书在版编目(CIP)数据

新媒体广告传播的问题与治理/宋成著.--成都:西南财经大学出版社,
2024.6.--ISBN 978-7-5504-6237-3

Ⅰ.F713.8

中国国家版本馆 CIP 数据核字第 20249NF517 号

新媒体广告传播的问题与治理
XINMEITI GUANGGAO CHUANBO DE WENTI YU ZHILI
宋　成　著

策划编辑:石晓东
责任编辑:石晓东
责任校对:陈何真璐
封面设计:墨创文化
责任印制:朱曼丽

出版发行	西南财经大学出版社(四川省成都市光华村街55号)
网　　址	http://cbs.swufe.edu.cn
电子邮件	bookcj@swufe.edu.cn
邮政编码	610074
电　　话	028-87353785
照　　排	四川胜翔数码印务设计有限公司
印　　刷	四川五洲彩印有限责任公司
成品尺寸	170 mm×240 mm
印　　张	13
字　　数	277 千字
版　　次	2024 年 6 月第 1 版
印　　次	2024 年 6 月第 1 次印刷
书　　号	ISBN 978-7-5504-6237-3
定　　价	76.00 元

前　言

在数字化浪潮席卷全球的今天，新媒体广告已经成为广告传播的重要组成部分。新媒体广告改变了传统的广告模式和营销策略，通过数字技术、网络技术等手段，使得广告传播更加精准、高效。然而，随着新媒体广告的快速发展，广告传播也出现了一系列问题，如隐私泄露、低俗营销、虚假广告、版权侵犯等，这些问题不仅损害了消费者的权益，也对社会秩序和文化价值观产生了负面影响。

2022年4月22日，国家市场监督管理总局印发的《"十四五"广告产业发展规划》中提到，要引导广告产业规范发展。其中提到要"聚焦提升用户体验，规范相关广告的展示方式、展示时长、展示频率和展示数量"，"规范各类广告服务者数据处理活动，保障数据安全，保护个人隐私和消费者合法权益"。因此，我们需要深入研究和探讨新媒体广告传播的问题与治理，促进新媒体广告产业的高质量发展。

本书结合广告学、营销学、传播学等领域的理论和观点，侧重对近年来新媒体广告的问题展开深入研究，梳理、归纳和总结新媒体广告失范的案例和问题，深入探讨了新媒体广告传播过程中出现的一系列问题，并提出了相应的治理策略。本书有助于促进新媒体广告从业主体的自查自纠和自律，落实广告内容生产和传播的主体责任，提升新媒体广告的传播效果和治理能力；有助于促进相关管理部门完善管理措施、加强法律法规建设，实现新媒体广告产业规范发展。

新媒体广告发展速度远超现有法律法规的更新速度，导致新媒体广告问题的治理存在一定的滞后性。这一方面要求相关部门加快完善新媒体广告法律法规，另一方面也要求新媒体广告产业各主体加强自律，落实主体责任，促进广告产业的规范发展。因此，著者未来将进一步加强对新媒体广告的技术研究、内容创新性和规范性研究、广告传播效果多维评估体系的研究。

宋成

2024 年 4 月 8 日

目　录

第一章 绪论

本章主要阐述本书的目的、意义、研究现状等，让读者对本书内容有大致了解，更好地理解后续章节的内容。

第一节 研究目的与意义

随着新媒体广告的迅猛发展，各类新兴广告技术、广告形式和广告策略日新月异。一方面，新媒体广告增强了广告的互动性，提高了广告的触达率；另一方面，新媒体广告的问题也日益凸显，传统媒体广告的"旧问题"在新媒体时代呈现出新表现和新原因，亟待进一步展开研究。

一、研究目的

（一）对新媒体广告的问题进行梳理

相较于既往的专著和教材，本书侧重对近年来新媒体广告的问题展开研究，梳理、归纳和总结新媒体广告传播中失范的案例和问题。如新媒体技术影响下的虚假广告问题、短视频中的低俗广告问题、直播带货平台中的"土味营销""男色营销"等。本书对问题的梳理既有全景式展现，也有对重点性、典型性问题的分析。

（二）促进广告产业的规范化发展，提升广告传播效果

随着新媒体广告在广告产业中占比的不断攀升，对其问题的治理成效不仅关乎广告传播效果和产业发展，更深刻影响着网络信息环境和新媒体受众的价值观的形成。本书旨在通过对新媒体广告问题的梳理、原因分析和治理建议研究，构建多元协同治理机制，推动新媒体广告从业主体的自查自纠和自律，促进新媒体平台的问题治理制度建设和治理措施制定，助力相关管理部门完善管理措施和加强法律法规建设。

（三）促进新媒体、新媒体技术的合理规范运用

本书在不同章节对新媒体广告的媒介技术、互动技术、算法推送技术、影像美化技术、大数据应用等展开了研究。同时，本书从社会发展、人本主义、技术创新等方面深刻思考了新媒体广告的失范问题，旨在提升相关主体对技术本身的反思意识，促进新媒体及其技术的合理规范运用，进而推动广告行业的健康发展。

二、研究意义

（一）理论意义

1. 有助于丰富广告学理论

本书融合了广告学、营销学、传播学等多个领域的理论和观点，进一步丰富了广告学的理论内涵。其中，对短视频广告、直播电商广告等重点新媒体广告类型的探讨，符合当前新媒体广告理论发展的实际需要。

2. 有助于更好地理解新媒体广告的特点

本书在深入探讨新媒体广告问题前，就不同类型的新媒体广告形式展开研究，分析它们的广告信息特性、传播特点、发展规律，从其特性和发展环境中分析其存在的问题、问题产生的原因，并提出相应的治理建议。因此，本书有助于进一步理解新媒体广告的发展规律和特点，从新媒体广告特性和产业环境等角度分析其存在的问题。

（二）实践意义

1. 有助于实现广告产业的良性发展

本书梳理了当前新媒体广告中存在的问题，并提出了相关治理策略与方案。本书从广告环节、广告主体和广告形式/策略三个角度对新媒体广告失范问题进行了全景式梳理，有助于广告从业者加强自律。对相关问题的研究和治理建议，有助于相关广告主体落实主体责任，共同构建一个和谐、健康的新媒体环境，促进广告产业的良性发展。

2. 有助于完善我国相关法律法规

随着新媒体平台和新媒体广告的迅猛发展，相伴而生的问题也层出不穷。我国在相关法律法规、制度规范等方面有所滞后。本书针对新媒体广告的问题进行分析，对规范和治理相关问题提出建议，旨在完善我国新媒体广告领域相关的法律法规。同时，本书也对已制定或施行的法律法规进行了解读，并在附录部分列出了相关的法律法规文件，以便相关从业者和

大众更好地了解并遵守相应的法律法规和规章制度。

3. 有助于提升用户的媒介素养和广告参与度

在新媒体广告活动中，用户的媒介素养对广告信息的传播和理解具有重要影响，同时用户的参与也关系到广告活动策略的制定和最终效果。本书分析了新媒体用户在媒介使用和道德素养、数字素养方面的现状，并在第四章探讨了新媒体用户在广告参与中的重要性、现存问题及其规范，旨在提升用户的媒介素养和广告参与度。此外，新媒体用户的素养提升也有助于广大用户识别新媒体广告中的不良内容，增强防范和保护意识，进而实现对新媒体广告的有效社会监督。

第二节　研究现状

一、短视频广告

在短视频传播方面，白玉洁认为短视频传播存在内容低俗、价值观偏离、侵犯个人隐私、制造谣言与虚假信息的问题，并从社会、平台和个人层面分析了这些问题的原因：社会层面的原因在于虚拟空间成为网民宣泄的出口、法律缺失导致维权困难、公众监督乏力；平台层面的原因是内容审核模式不合理、流量至上的算法推荐；个人层面的原因是虚拟环境弱化道德感、特定心理动机驱使、经济利益驱使、媒介素养缺失。因此，平台要加强把关，用户要加强自律，政府、社会等要加强合力监管[①]。卞学为、王前军认为，短视频作为信息传播市场上不可或缺的载体，其内容符码化、形式碎片化、主体平等化与社交虚拟化的特征使其迅猛发展。但在传播过程中，算法的精准推荐与人工审核的缺失、平台治理乏力与网络法律法规不足、流量至上的观念驱动与用户媒介素养欠缺等原因，导致了短视频传播中出现内容真假难辨、低俗信息泛滥、侵权乱象丛生、"电子鸦片"成瘾等问题。为有效应对短视频传播问题，需要用户、平台、政府和社会多方协作。具体而言，应提升网民媒介素养与理性判断能力，构建合理的盈利模式与审核机制以强化平台自律，完善相关网络法规以推进法治建设，发挥社会组织功能与监督作用以完善社会监督。通过各方共同努力，

[①]　白玉洁. 短视频传播中的伦理失范与应对研究 [D]. 南京：南京师范大学，2020.

合力打造优质文明的短视频传播生态①。

在短视频广告方面，于洪专指出短视频广告失范主要体现在三个方面：一是短视频平台中的虚假广告、违法广告泛滥。不法分子利用短视频的影响力推销价格虚高、劣质、假冒的产品。二是广告同质化、高频率推送。短视频广告制作者对热门视频进行二次加工使得平台内的内容同质化严重，原创作者权益受到侵犯。三是短时间、高频率、高密度的洗脑式信息轰炸使用户观感疲劳。各部门应该加大对短视频广告的监管力度，依法治理，加强社会监督，实现治理主体多元化。同时，应加强消费者组织的自发监督、加强新闻媒体的舆论监督，多方发力保护原创用户的知识产权②。罗家稷等讨论了短视频广告的侵权问题，指出短视频广告的主要侵权形式包括，一是精准营销"黑箱"侵犯用户隐私，二是"洗图""洗视频"侵犯原创者版权，三是原生化呈现侵犯用户自主选择权，并提出加强主体自律、法律他律、技术助律、社会互律的治理建议③。冼卓桑认为短视频广告虽然兼具市场、内容、技术、平台等思维传播逻辑，然而"大数据杀熟"、内容雷同、算法垄断、海量信息轰炸等问题，导致其传播空间还不够大。所以在新媒体时代，应从市场规范、内容创新、技术升级、平台管控等角度入手，确保短视频广告的高效传播与规范，提升短视频广告的商业价值④。

二、直播电商（电商平台）广告

马余露、陈若水认为"网红直播带货"已成为一种新的营销方式，它不仅能满足人们个性化的物质需求，而且能满足个体的社交化情感诉求，但其中潜藏的诚信缺失会导致社会信任危机，个体消费成瘾会导致人的主体性异化等问题。加强个人义利观教育、完善社会诚信监督机制、丰富个体精神生活、净化社会消费风气，则是解决这些问题的可行路径⑤。蒋诗

① 卞学为，王前军. 网络美好生活视域下短视频传播伦理失范现象探析［J］. 理论导刊，2023（2）：65-71.
② 于洪专. 社会治理视角下探析短视频广告的治理策略［J］. 声屏世界，2021（1）：69-70.
③ 罗家稷，吴嘉萍，黄洪珍. 短视频广告的侵权形式与治理策略［J］. 青年记者，2021（17）：73-75.
④ 冼卓桑. 新媒体时代短视频广告的传播逻辑与优化策略［J］. 盐城工学院学报（社会科学版），2023，36（2）：85-88.
⑤ 马余露，陈若水. 网红直播带货的伦理审视［J］. 云梦学刊，2021，42（3）：75-82.

语、付雨凡则指出"直播带货"存在主播身份的合理性问题、主播和平台虚假宣传问题、购物问题频发而维权困难问题、数据造假问题①。

杨昌慧研究了电商平台的数据伦理问题，包括侵犯消费者隐私权、损害消费者公平交易权、加剧消费者对网络的信任危机、扰乱市场秩序等，并提出平台应控制大数据使用，加强内部审查制度；消费者应提高隐私保护意识；政府应加强外部监督管理②。

李之彤对直播电商受众的"饭圈化"现象展开研究，直播电商"饭圈化"表现在直播电商受众与明星粉丝存有共性，都是社群化的、自主内容生产的、偶像崇拜的；直播电商受众在行为上更多进行意义追求和"数字劳动"；受众"追星式"的商家崇拜，使消费者身份转变为粉丝身份。而"饭圈化"易导致内容质量让位于流量、商品质量让位于"玩法"、用户隐私让位于利润。因此，要引导和监督直播电商的"饭圈化"现象，理性引导、合理挖掘粉丝势能，构建多维安全网络，坚持提供优质内容③。李垚以"××糖水燕窝"事件为例分析了"直播带货"存在的问题，包括虚假宣传、数据造假、隐私泄露、触碰法律底线、违背社会道德规范、对产品检验结果消极躲避、偷换概念、转嫁矛头等④。李森认为网红直播带货将直播与商品销售有机结合，对于促进消费具有十分重要的意义与价值。但在直播带货过程中存在个别网红选品随意、产品质量差、信息失真、直播数据造假等诚信问题，存在个别网红过度推销使消费者理性迷失、电商直播平台责任意识较弱的问题，存在个别商家"重利轻义"的功利驱动现象等⑤。

三、自媒体广告

鄢佳佳重点分析了自媒体广告在广告主体、传播模式、受众、内容和媒介方面的特征，指出当前自媒体广告存在虚假广告泛滥、不正当竞争频

①　蒋诗语，付雨凡.直播带货视角下的商业伦理研究［J］.现代营销（下旬刊），2021（3）：170-172.

②　杨昌慧.大数据背景下电商平台的数据伦理问题及应对措施［J］.老字号品牌营销，2022（9）：54-56.

③　李之彤.直播电商受众"饭圈化"的困局与治理对策［D］.济南：山东师范大学，2023.

④　李垚.电商行业"直播带货"的商业伦理体系构建［J］.产业创新研究，2023（9）：100-102.

⑤　李森.数字经济时代网红直播带货的伦理风险与治理之道［J］.沈阳干部学刊，2023（3）：33-37.

发、诈骗广告变幻莫测、用户个人信息泄露、用户隐私权被侵犯等问题。在法律规制方面，鄢佳佳认为，目前还存在以下问题：自媒体广告的法律适用对象存在漏洞，广告法律与"处罚与违法行为相适应"原则存在冲突，软文广告规制存在法律空白，特殊行业审批和处罚单位的不一致导致执法错位，夸张艺术性广告的法律边界不清晰①。

谭蓬对自媒体广告监管展开研究，发现自媒体广告的监管在行政监督方面的法律体系规范依据不足、监测取证技术水平不高、监管执法方式有待改进、监督执法力量薄弱；在行业自律方面，广告协会的自律作用有限，自媒体平台自律动力不足；在社会监督方面，受众的广告素养有待提升，维权意识较弱，导致受众维权困难。因此，应强化行政监督的主导作用，发挥行业自律作用，增强社会监督力量②。

四、智能广告

蔡立媛、周慧认为，人工智能广告存在"时空侵犯"问题：一是广告泛滥，在海量信息搜索下广告信息泛滥；二是广告"野蛮"，个性化定制的广告推送造成"时空剥夺"；三是广告"群氓"，在广告符码操控下，其真实性存疑，"沉浸式"交互体验广告易使受众陷入"视听暴力"③。冯雅菲认为人工智能技术范式下智能广告面临隐私问题挑战，在智能洞察中隐私可能被挖掘，在智能创作中隐私可能被整合到创作中，在智能投放中隐私处于流动状态，在智能反馈中人的认知是被计算的④。

五、原生广告

康瑾指出，原生广告的问题包括欺骗问题（原生化的品牌内容模糊了广告与新闻之间的界限，诱导人们将广告当作新闻看待）、用户隐私侵扰问题、用户病毒式广告内容传播的滥用问题（在消费者不知情的情况下将他们的社交资源转移至运营原生广告的网络公司手中，这给消费者带来更

---

① 鄢佳佳. 我国自媒体广告失范行为及其法律规制研究 [D]. 南昌：南昌大学，2019.
② 谭蓬. 我国自媒体广告监管研究 [D]. 乌鲁木齐：新疆大学，2020.
③ 蔡立媛，周慧. 人工智能广告的"时空侵犯"伦理危机 [J]. 青年记者，2019 (15)：91-92.
④ 冯雅菲. 技术范式下智能广告隐私伦理问题研究 [D]. 广州：华南理工大学，2022.

大的潜在风险)①。黄海珠、史新燕提出，原生广告应注意尊重用户与数据利用之间的平衡、显性信息与隐形广告之间的平衡、品牌信息传播与新闻专业主义之间的平衡②。常明芝指出，原生广告具有精准性、原生性、隐匿性的特点，这些特点也让原生广告存在精准投放与用户隐私保护的问题、广告显性与原生隐匿性的冲突问题③。

文玉花研究了某短视频平台原生广告的语境、特征、效果，指出某短视频平台原生广告存在广告抄袭导致的同质化现象严重，算法推荐数据抓取导致的用户隐私被侵犯，海量信息轰炸造成的视听暴力和感知欺瞒，广告信息茧房造成回音室效应和认知鸿沟扩大等问题，并提出应细分广告场景、提升创意水平、完善信息挖掘机制、保护用户隐私、提升媒介智能水平、优化用户体验、打造"内容池"、缩小信息鸿沟④的建议。吕铠、钱广贵研究了新媒体环境下广告内容化的传播困境，认为以原生广告等为代表的广告内容化传播，导致了消费者知情权的丧失、主体性的缺失、隐私被侵犯和对新闻专业主义的消解等一系列问题，提出应实施多元主体协同治理，加大政府和机构的监管力度、建立平台自治和行业自律机制、提升用户的平台媒介素养和广告辨识能力⑤。

六、计算广告

段淳林、杨恒认为，计算广告是一种以数据为基础、以算法为手段、以用户为中心的智能营销方式，它在数据的实时、高效计算下，对用户进行精准画像，并快速投放、精准匹配及优化用户一系列需求⑥。姚丽媛指出计算广告的问题主要表现在：一是用户数据获取阶段，数据主义下用户隐私权旁落；二是广告内容创作阶段，工具主导下广告艺术异化；三是广告投放阶段，用户标签化区隔加剧了阶层分化；四是广告效果监测阶段，

① 康瑾. 原生广告的概念、属性与问题 [J]. 现代传播（中国传媒大学学报），2015（3）：112-118.

② 黄海珠，史新燕. 大数据时代原生广告的伦理冲突 [J]. 青年记者，2017（32）：17-18.

③ 常明芝. 原生广告存在的伦理问题及解决方案 [J]. 青年记者，2018（8）：18-19.

④ 文玉花. 抖音短视频原生广告研究 [D]. 湘潭：湘潭大学，2021.

⑤ 吕铠，钱广贵. 广告内容化的传播伦理困境与协同治理 [J]. 当代传播，2022（1）：100-102，112.

⑥ 段淳林，杨恒. 数据、模型与决策：计算广告的发展与流变 [J]. 新闻大学，2018（1）：128-136，154.

流量作弊扰乱广告行业秩序；五是广告交易阶段，"大数据杀熟"产生信任危机①。

七、弹窗广告

冯颖指出，弹窗广告具有强制性、投放精准度高、传播范围广、传播手段多样、投放成本和制作成本低等特点，弹窗广告存在商业信息与新闻资讯界限模糊、破坏社会公序良俗、误导用户行为等道德失范问题，存在损害用户自主选择权、威胁用户个人信息安全、侵扰用户生活安宁、破坏正当有序的竞争环境等法律失范问题②。李姮柔认为，弹窗广告道德失范具体表现在：一是干扰用户正常网络使用，弹窗广告在屏幕上反复弹出，侵占网络页面；弹窗广告关闭按键真假大小难辨，关闭弹窗难。二是侵犯用户自主权，强迫用户进入弹窗广告页面。三是不正确的价值引导，包括"血腥""暴力""色诱"等不健康内容带来不良的价值引导，虚假信息导致用户受骗等。政府应该完善弹窗广告法律法规和加强监管机制，用户则应依法依规维护自身合法权益③。

八、信息流广告

王愉斐认为，信息流广告是一种能够隐藏在各类媒介平台的信息流中，隐性地传达品牌信息且最大限度地不干扰用户体验的广告形式，但仍存在一些问题。在投放方面，信息流广告渠道与创意不匹配、投放靠自我经验，应提高媒介的适配度、视频创新能力；在内容方面，信息流广告内容质量不高、时间过长、剪辑混乱，应提高广告创意水平、控制时长、加强行业自律；在用户方面，用户洞察不足、情感互动沟通缺失，应确保信息流广告的场景有效覆盖、精准定位目标人群；在媒介方面，信息流广告与媒体特性不匹配、媒介平台缺乏竞争力，应选择适合的媒介，精准定位媒介用户群；在效果评估方面，存在数据流量作假、评价指标定义不一致等问题，应提高广告投放市场透明度，建立多维度的效果评估体系④。周明轩指出，信息流广告的问题如下：一是过度收集用户信息，侵犯用户隐

① 姚丽媛. 计算广告的伦理失范问题与优化路径研究［D］. 上海：华东政法大学，2022.
② 冯颖. 网络弹窗广告失范与规范研究［D］. 重庆：西南政法大学，2020.
③ 李姮柔. 关于弹窗广告道德失范现象研究［D］. 沈阳：沈阳工业大学，2022.
④ 王愉斐. 视频信息流广告问题与对策研究［D］. 杭州：浙江传媒学院，2019.

私。二是划分等级，违反平等原则。信息流广告精准投放的依据是通过给用户划分不同的标签，并根据标签推送广告，这被视为一种不平等。三是原生属性强化了广告的"隐性"。信息流广告的强原生属性掩盖了广告的本质，让用户看到广告而不自知。应加强政府监管，强化媒体和广告主自律意识，完善精准投放的规则①。

刘志琳、郭松对短视频平台的信息流广告传播展开研究。研究发现，短视频平台的信息流广告传播特点是原生化融入、精准化推送、多元化表达、互动化参与，存在隐私泄露与广告回避（用户因不愿被过度收集数据而在信息流广告中点击"不感兴趣"进行回避）、粗制滥造与情绪厌恶、监管缺失与越线试探等问题②。

第三节　研究内容

本书共分为七章。

第一章为绪论，主要阐述本书的研究目的、研究意义和研究现状，让读者对新媒体广告问题的研究有大致了解。

第二章为新媒体广告概述，主要介绍新媒体广告发展概况，对新媒体广告的主要问题进行梳理。

第三章对重点的新媒体广告形式的问题进行研究，主要包括直播电商广告、短视频广告和内容营销，研究了这几类广告形式的问题和治理策略。

第四章研究了自媒体广告的问题，主要介绍了自媒体广告的特点、自媒体广告的主要类型和现存问题，并对主要问题进行了原因剖析。

第五章研究了新媒体广告的隐私侵犯问题，讨论大数据营销与隐私侵犯、"大数据杀熟"与信息保护、数据流量异化下的隐私消费等问题。

第六章对新媒体广告的消费文化展开研究，分析了新媒体广告中的消费文化和观念问题，如新媒体广告与"快乐消费"、社交媒体与炫耀性消

---

① 周明轩. 智能逻辑下信息流广告投放策略及其产生的伦理问题分析 [J]. 商展经济, 2022 (12): 63-65.

② 刘志琳, 郭松. 数字化时代短视频平台信息流广告的传播研究 [J]. 传媒, 2023 (11): 77-79.

费、购物节与过度消费、新媒体技术与宅家消费、生产迭代与快速消费等。

第七章讨论了身体与新媒体广告的关系、新媒体广告中身体影像失范表现，并以乡村带货直播为例研究身体表演及其失范表现与负面影响。同时，本章提出了新媒体广告中的身体影像失范问题的治理建议。

第二章　新媒体广告概述

随着新媒体的蓬勃发展，新媒体广告也快速发展并衍生出多种类型的广告形式。本章主要介绍新媒体广告的发展状况、基本特点和主要类型，并从环节、主体、策略等角度分析新媒体广告在传播中存在的问题。

第一节　新媒体广告

广告、新媒体广告的概念随着时代发展、技术发展和社会发展而不断发生着改变。尤其是新媒体广告对"互动性"的强调，让广告从单纯的信息传播与接收转变为信息的交互与参与。受众在新媒体技术和平台支持下被赋权，由此广告主体变得愈发多元化，广告对媒介平台的作用及作用方式也变得愈发重要。

一、新媒体概念

斯蒂夫·琼斯在《新媒体百科全书》中解释道："新媒体是一个相对的概念，相对于图书，报纸是新媒体；相对于广播，电视是新媒体；'新'是相对于'旧'而言的。"匡文波教授也指出，新媒体是一个相对的概念，是在报刊、广播、电视等传统媒体之后发展起来的新的媒体形态，包括网络媒体、手机媒体、数字电视等。新媒体亦是一个宽泛的概念，是利用数字技术、网络技术，向用户提供信息和娱乐服务的传播形态。严格地说，新媒体应该称为数字化新媒体。在目前的技术条件下，互联网是新媒体的主体①。同时，他对"新媒体"概念作出辨析，认为互动性是新媒体的本质特征。蒋宏教授认为，新媒体是指20世纪后期在世界科学技术取得巨大

---

① 匡文波. 2006 新媒体发展回顾［J］. 中国记者，2007（1）：76-77.

进步的背景下，在社会信息传播领域出现的建立在数字技术基础上的能使传播速度大大加快、传播方式大大丰富，并与传统媒体迥然相异的新型媒体①。而"新媒体技术的基本要素是由数字化信息、互联网发布平台、多媒体编辑制作系统、集成化信息服务界面、复合型传播通道及多样化接收终端这几个要素组成的。互联网的优势和特性在于更快、更广、更丰富和成本更低。与传统媒体相比，新媒体技术的特性主要表现为实时性、广域性、无中心、多媒体、互动性、海量化和高效检索等。②"廖祥忠则指出，新媒体是以数字媒体为核心的新媒体，它是通过数字化交互性的固定或即时移动的多媒体终端向用户提供信息和服务的传播形态③。由此可见，新媒体具有数字化、多媒体、实时性、互动性等特征。

尤其是新媒体"互动性"的特点，深刻影响着媒介和人的关系，改变了传授关系。互动性意味着：一是受众与媒介中信息的互动，二是受众与传播者（广告主、KOL 等）的互动。这种互动性决定了受众在广告中的参与程度，面对不同性质的媒体、内容形式和不同类型的传播者，受众的互动方式和参与程度也不同。与传统媒体相比，新媒体的互动性大大增强。在大众传媒时代，信息从媒体到个人是单向传播的，向数量庞大且不定的受众同时传递信息，且针对性不强，而受众是被动的信息接收者，互动性不强，受众间的交流也是小范围、少数的。在新媒体时代，媒介和受众间的信息传播变为双向传播且传播速度快，受众间能快速分享信息。同时，受益于网络的交互性和开放性，以及手机、移动通信、基站、网络平台建设等技术支持，受众本身也成了媒介，他们是传播网络中的节点，拥有传播权利和快速扩散的可能性。虽然受众在资源拥有量和资源调动能力上有差别，但其在新媒体时代的内容生产能力和传播能力不容小觑。随着移动互联网与生活的深度融合，新媒体在人们日常生活中扮演着重要角色，其快速发展造成了受众注意力资源的重新分配。在这样的背景下，传统媒体纷纷在新媒体平台建立账号或建设自己的新媒体平台。与此同时，广告的互动性在技术和媒介形式的演变下凸显出来，广告的效果评价方式和体系等也发生了相应变化。

---

① 蒋宏，徐剑. 新媒体导论［M］. 上海：上海交通大学出版社，2006：4.

② 舒咏平，陈少华，鲍立泉. 新媒体与广告互动传播［M］. 武汉：华中科技大学出版社，2006：21-26.

③ 廖祥忠. 何为新媒体？［J］. 现代传播（中国传媒大学学报），2008（5）：121-125.

二、新媒体广告概念

"广告"含有"广泛地宣告"的意思，1300—1475年，广告的含义为"一个人注意到某种事情"，后来又演变为"引起别人注意，通知别人某件事"；1890年以前，西方普遍将广告定义为"广告是有关商品或服务的新闻"；1894年，美国现代广告之父阿尔伯特·拉斯克尔（Albert Lasker）认为广告是印刷形态的推销手段，广告含有在推销中劝服的意思；1948年，美国市场营销协会的定义委员会给出了一个有颇具影响力的广告定义："广告是由可确认的广告主，对其观念、商品或服务所作之任何方式付款的非人员性的陈述与推广"。可见，传统的广告定义强调信息的传播与传递，以达到影响、劝服消费者并促进销售转化的目的。

1995年，美国得克萨斯大学提出"新广告"概念。在新技术和媒介发展的背景下，广告不应受到局限，应伴随社会经济变化和媒介变化而变化，他们认为"从商业的角度讲，广告是买卖双方的信息交流，是卖者通过大众媒体、个性化媒体和互动媒体与买者进行的信息交流"[①]。这个定义一是言明了媒介的变化，二是侧重信息的交流性，即强调卖者和买者间信息流通的互动性、持续性。

"21世纪的市场营销将在互动式多媒体上集中进行，广告部门必须在信息高速路上找到传播信息的新使命。[②]"新媒体广告的互动性使消费者能够更直接、更广泛地参与广告活动。消费者可以在社交媒体上点赞、评论、分享，把广告信息传递给更广泛的人群。这种互动性还带来了更快速的消费反馈，使得消费者可以在新媒体平台与广告主直接接触，与其他消费者交流沟通，更快将消费建议传递给广告主。广告主也可以更快地通过相关平台数据表现接收到消费者反馈。自媒体的发展也让新媒体有了内容共创的可能性，使得消费者可以通过自媒体平台与广告主、意见领袖、普通消费者展开内容共创。消费者也可以参与到新品研发、广告信息的制作中，成为内容创作的一分子。随着大数据、云计算、人工智能、物联网等技术的应用，新媒体广告的形式和手段不断丰富。

---

① 出自 *Thoughts about the Future of Advertising-A White Paper* 一文。http://advertiSing.utexas.edu/research/papers/WhiteLong.html.

② RUST. R. T, T. W. OLIVER. The death of advertising [J]. Journal of advertising, 1994, 23 (4)：71-77.

三、新媒体广告的"互动性"衡量

(一) Heeter 六因素说

Heeter 于 1989 年提出了影响互联网广告互动性的六个因素[①],包括选择性 (alternative choices)、使用者的努力 (efforts of users)、反应能力 (availability of responsiveness)、监测的能力 (capacity of monitoring)、添加信息的便利性 (convenience of adding information) 和人际沟通 (interpersonal communication)。选择性是指消费者对广告主提供的广告信息选择程度的强弱。选择性越强,消费者越愿意主动与广告内容互动。使用者的努力是指使用者自身的上网动机,动机越明确,其主动寻找信息的努力程度也就越高。反应能力是指广告主对消费者的反应能力,广告主对消费者的反应能力越强,广告的互动性越强。监测的能力是指广告主对消费者浏览行为的监测能力,广告主通过监测不断调整广告的内容和形式,以更好满足消费者的需求,这将大大提高广告的互动性。添加信息的便利性指消费者能够很方便地在广告中添加自己需要的信息,从而实现广告的个性化定制,实现与广告主的互动。人际沟通是指在广告中是否能够实现消费者之间以及消费者和广告主之间实时的信息交流。人际沟通越方便,消费者与广告主之间的互动性也就越强。

(二) Chang-Hoan Cho 和 John D. Leckenby 的三指标说

Chang-Hoan Cho 和 John D. Leckenby 提出了衡量互联网广告互动性的三个指标[②]:第一,介入程度 (level of involvement)。消费者对消费介入程度越高,消费者与广告主的交流意愿越强烈,沟通越顺畅。第二,信息的相关性 (perceived message-relatedness)。旗帜广告 (或其他类型广告) 与目标广告 (通常称为广告网站) 之间的相关性越强,互动性就越强。如果目标广告与旗帜广告内容相符,消费者就有可能进一步与广告主进行互动。第三,信息的个性化 (perceived message personalization)。广告信息越符合目标受众需求和消费者特征,互动性越强。

除互动性外,新媒体广告还具有共享性、即时性、个性化和超文本等

---

① HEETER C. Implications of new interactive technologies for conceptualizing communication [M]. 1989. (此书出版社不详):Lawrence Erlbaum AssociatesEditors:Jerry Salvaggio, Jennings Bryant.

② CHANG-HOAN CHO, JOHN D. LECKENBY. Interactivity as a measure of advertising effectiveness [J]. 1999. (出版期刊不详) www. utexas. edu/coc/admedium/.

特征。这些特征使得新媒体广告的成本相对低廉（如企业自媒体广告），关键词广告和大数据技术的应用使得广告投放更加精准，为个性化营销提供了可能。同时，共享性推动了广告的病毒式传播，让广告的传播范围更广、接受度更高。

第二节 新媒体广告的发展

一、新媒体广告成为主要广告形式

2005 年后，中国新媒体广告崛起并快速成为主要的广告形式。在 2021 年的广告营业收入中，新媒体广告营业收入占比达到 64.99%，传统广播电视行业营业收入占比下降到 25.54%①。2022 年互联网用户媒介使用集中在社交、通信、视频、移动购物等方面。

在新媒体迅猛发展的同时也出现了诸如隐私泄露、虚假广告、内容低俗化、同质化等问题。2021 年、2022 年多项政策相继出台，对互联网、新媒体广告行业进行整治和规范。如 2021 年的《互联网信息服务管理办法（修订草案征求意见稿）》规定，互联网信息服务提供者、互联网网络接入服务提供者应该确保其收集的个人信息安全，任何组织和个人不得以营利为目的为他人有偿提供删除、屏蔽、替换、下沉信息服务等；2021 年《移动互联网应用程序（App）启动屏广告行为规范（征求意见稿）》对应用程序的启动屏广告时间、图标大小和具体形式作出明确规范，要求不得以欺骗方式诱使用户点击广告内容，"跳过/关闭"标志应当真实、有效，确保用户可以选择一键关闭广告。2021 年《中华人民共和国个人信息保护法》规定任何组织、个人不得非法收集、使用、加工、传输他人个人信息，不得非法买卖、提供或者公开他人个人信息；不得从事危害国家安全、公共利益的个人信息处理活动。2022 年《互联网信息服务算法推荐管理规定》要求保障用户的算法知情权和算法选择权，向用户提供不针对其个人特征的选项，或者向用户便捷地关闭算法推荐服务的选项。2022 年《"十四五"市场监管现代化规划》要求加强互联网广告监测能力建设，落

---

① 前瞻产业研究院. 2023 年中国广告行业全景图谱［R/OL］.（2022-12-18）［2023-11-03］. https://finance.sina.com.cn/roll/2022-12-18/doc-imxxakat9923581.shtml.

实平台企业广告审核责任,严厉查处线上线下市场虚假违法广告行为。图
2-1为中国广告行业全景图谱。

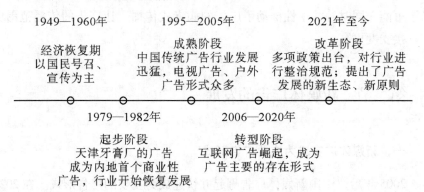

图2-1 中国广告行业全景图谱

二、中国广告市场收入规模逐步扩大

中国广告市场规模不断扩大,2022年受新型冠状病毒感染疫情影响,中国广告市场收入增速下降但仍然保持增长。从易观分析的《中国互联网广告市场年度分析2023》报告可以看出,中国广告市场收入规模呈逐年扩大趋势,随着疫情后经济复苏,广告市场收入规模能再度扩大。同时,针对广告的数字化转型的相关政策也将推动新媒体广告的发展,如《中华人民共和国国民经济和社会发展第十四个五年规划和2035年远景目标纲要》在第五篇"加快数字化发展 建设数字中国"中提出"加快推动数字产业化",这必将引领中国广告的专业化、数字化建设,推动新媒体广告向高端价值链延伸,优化数字营销和全域营销。图2-2为2016—2022年中国广告市场总体收入情况。

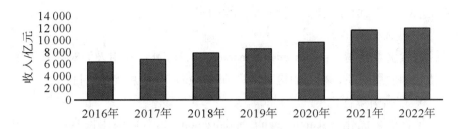

图 2-2　2016—2022 年中国广告市场总体收入情况

①数据来源：国家市场监督管理总局（易观分析整理）。

②数据说明：2020—2022 年的数据为全国广告业事业单位和规模以上企业的广告业务收入。2022 年的数据是由易观分析基于宏观经济及行业发展情况做出的预测。

三、主要的新媒体广告形式和渠道

（一）主要的新媒体广告形式

1. 横幅广告

横幅广告又叫 banner 广告、旗帜广告，是存在于网页中的矩形广告公告牌，可以横跨整个网页，或以特定尺寸显示在网页中。横幅广告一般是图像，这些图像可以是静态的也可以是动态的，用户点击图像就可以跳转到广告主网页。

2. 植入式广告

植入式广告（product placement）是将具有代表性的视听符号融入文字、影视、游戏、动漫等内容中的广告形式，可以让受众在潜移默化中接受广告内容。

3. 关键词广告

关键词广告（adwords）是指显示在搜索结果页面的网站链接广告，也称为"关键词检索"。当受众通过搜索工具（搜索引擎、App 内搜索功能等）搜索某一关键词时，能够出现（或出现在显著位置）与该关键词相关的广告内容，具有较强的针对性。

4. 信息流广告

信息流广告（feeds）是嵌入在社交媒体用户的好友动态、资讯媒体和视听媒体内容流中的广告。信息流广告的形式有图文、视频等，其特点是算法推荐和原生体验，并可以通过标签进行定向投放。用户可以根据自己的需求选择推广形式，如增加曝光、引导落地页或者应用下载等。最后的效果取决于创意、定向、竞价三个关键因素。

5. 搜索引擎

搜索引擎营销（search engine marketing，SEM）利用人们对搜索引擎的依赖和使用习惯，在人们检索信息的时候将广告信息传递给目标用户。

6. 搜索引擎优化

搜索引擎优化（search engine optimization，SEO）利用搜索引擎的规则，提高网站在有关搜索引擎内的自然排名。

（二）主要的新媒体广告投放渠道

1. 搜索引擎广告

搜索引擎广告（serrch engine advertising，SEA）是指广告主根据自己的产品或服务的内容、特点等，确定相关的关键词，撰写广告内容并自主定价投放的广告。根据中国互联网信息中心的数据，截至 2022 年 6 月，搜索引擎用户达 8.21 亿，同比增长 3.21%，在网民中渗透率达 78.2%。除百度、搜狗、夸克、QQ 浏览器等搜索引擎外，字节跳动推出了"悟空搜索"，支付宝推出"小程序直达"，微信推出"搜一搜"等。而在占比上，国内搜索引擎融合了语音识别、图像识别、人工智能、机器学习等多种先进技术，中国搜索引擎广告占互联网广告的比重超过 10%，仅次于电商广告以及短视频广告①。搜索引擎广告的形式包括三类：一是品牌广告（brand advertising）以吸引消费者注意、树立品牌形象为主；二是展示广告，即 CPM 广告，是一种按每千次展示计费的图片形式广告，投放在信息流和搜索引擎网页中；三是效果广告（performance advertising），广告主只需要为可衡量的结果付费。

搜索引擎广告除了受众广泛外，还具有针对性强的特点。广告主的需求通过关键字表现出来，广告投放与用户的关键词搜索匹配，针对有需求的用户高效触达，但部分搜索引擎的广告过多也降低了用户的信息搜索效率。此外，因为搜索引擎广告的广告采买和效果监控均在线完成，广告主可灵活控制预算，随时调整广告预算和投放策略，并可交由后台自动实时完成。

---

① 前瞻产业研究院. 2022 年中国搜索引擎广告市场现状及竞争格局分析 搜索引擎营销依然就是当今最热的媒体主流之一［R/OL］.（2022-2-25）［2023-12-25］.https://www.qianzhan.com/analyst/detail/220/220225-56e5fdca.html.

2. 社交广告

社交广告即社交媒体广告，是以企业、媒体或个人为发布者，以观念、产品或服务的文字、语音或视频，直接或隐晦地通过社交媒体发布的信息传播形式。社交广告的主要呈现形式是信息流广告，能够根据用户的社交属性、喜好、兴趣等在用户浏览的社交应用动态信息中推送和呈现。目前我国主要的社交应用包括微信、微博、QQ空间、百度贴吧、今日头条、抖音、知乎、小红书等，海外的社交应用包括Facebook、Twitter、Instagram、Snapchat、Pinterest等。具体来说，QQ空间里有微动广告、品牌页卡广告、多图轮播广告、15秒视频广告和图文广告等，微信有视频广告、微信群营销广告、微信公众账号营销广告等。而在定位上，各主流社交媒体的定位也不同，微信基于庞大的用户基数和强社交关系，帮助企业经营私域流量；抖音通过超高的短视频流量、热门话题等阐述产品卖点；微博是明星、热点、活动的聚集地，可以帮助品牌提升曝光度；小红书专注于展示和分享精致的消费生活。

近年来，信息流、搜索直达、意见领袖（KOL）营销、企业自媒体和用户口碑传播在社交媒体中的营销价值越来越受到重视。社交媒体中的信息流广告能在社交关系和兴趣标签等数据支持下有效匹配用户的消费需求，搜索直达（App内搜索、小程序搜索等）的搜索效率相较于普通搜索引擎更高，搜索的结果内容质量和匹配度高；意见领袖能够起到广告信息引爆和消费指导作用；企业自媒体营销能让企业在社交平台与消费者进行沟通，且方式越来越多样，品牌"自播"是近年来的发展趋势；用户的口碑传播则让广告更具信任感，尤其是消费者的自发传播让好产品、好品牌口口相传。社交广告的这些传播方式让广告与人产生连接，不再单纯地展示广告。正如腾讯集团副总裁林璟骅所说："社交广告，可以洞察用户的需求并深刻理解用户，可以借助社交平台让营销成为人与人的连接。"社交广告的优势便是通过社交媒体更加方便地洞察到"人"，包括人与人的关系、人与物的关系、人的真实需求和个性化需求，帮助人通过社交媒体与品牌建立连接。

2020—2023年，社交媒体进一步加大了"社交"对"广告""品牌"的赋能力度，2023年微信推出"私域2.0"，腾讯智慧零售通过《全域用户经营白皮书》开启腾讯私域2.0时代。腾讯的私域触点包括朋友圈、公众号、企业微信、小程序、社群、视频号、小程序直播等，公域触点包括

QQ、腾讯视频、QQ 音乐、腾讯网、微信、视频号、看一看、微信搜一搜、线下门店等。腾讯升级了用户运营的方法论"STAR 模型",STAR 模型即scaling(品牌人群资产)、triangulating(结构健康度)、activating(交互活跃度)、retuning(价值创造度),腾讯通过 STAR 模型来聚焦人群和落地运营。此外腾讯调整公众号的图文消息以增强内容的交互性。微博、小红书等强化了短视频社交功能和 KOL 的营销能力,比如微博通过品牌挚友、品牌时刻板块提高 KOL 的"种草"能力;小红书加强平台内笔记内容治理,提升平台的消费引领力;小红书旗下蒲公英平台帮助品牌与不同类型的博主展开合作,满足品牌投放和曝光需求。

3. 短视频广告

短视频广告是以时长较短的视频呈现产品或品牌信息的广告,是可以在社交 App、短视频 App、新闻聚合类 App、电商 App 等媒介播放的广告。这里主要讨论短视频 App 作为一种广告渠道的情况,短视频平台的广告形式包括信息流广告、开屏广告、KOL 合作广告等。据第 51 次《中国互联网络发展状况统计报告》,截至 2022 年 12 月,我国短视频用户规模已经达到 10.12 亿,占网民整体的 94.8%,短视频用户增长率为 8.3%。在广告优势方面,第一,短视频的用户基数大,用户活跃度高,随着短视频平台的竞争和淘汰,短视频的流量集中,多集中在抖音、快手、哔哩哔哩等几个平台。第二,短视频的算法机制加强了广告的针对性。短视频的信息流广告、开屏广告以及合作广告视频内容的推送能够根据用户的内容浏览、地理位置、兴趣偏好等进行针对性推送。第三,提供更多的互动功能,增强广告的互动性。一方面,企业可以自建官方账号与用户进行互动;另一方面,平台推送的信息流广告、企业发布的短视频都能进行收藏、点赞、转发、评论等互动。第四,企业可在短视频平台开展内容直播和发布短视频广告,成本相对较低。第五,短视频用户的创作热情高涨,方便企业开展内容共创邀请。随着短视频平台的发展,短视频平台的用户生成内容(UGC)热情和能力也显著提升,企业在开展相关内容共创活动时能够邀请 KOL 和一般的短视频用户一起拍摄、上传短视频内容,提升视频内容在平台的曝光度。

4. 长视频广告

长视频广告主要指在爱奇艺、腾讯、优酷等长视频平台播放的广告。近年来，在短视频平台的冲击下，长视频平台广告的比重有所下降。据艾瑞咨询的统计数据，长视频广告占整个广告市场的比重从 2015 年的 10.7%下降至 2019 年的 5.7%①。

究其原因，一是短视频平台的流量分割，平台广告价值有所下降；二是源于长视频平台的会员制，很多用户可以跳过广告，广告的到达率降低；三是非会员用户对 60 秒（有些平台 120 秒）的广告时长越来越没有耐心；四是广告的投放成本较高；五是部分长视频平台广告内容创意缺失，甚至内容低俗，易误导消费者，广告内容的接受环境质量有所下降。随着长视频的内容改革，比如 2022 年、2023 年各大长视频平台推出了很多优质内容（影视剧、综艺节目等）和精品 IP，长视频有着短视频不可替代的内容价值。同时，爱奇艺等也与抖音展开合作（如对长视频内容的二次创作），实现内容的长短融合，通过进行营销创新等，更多的内容合作方式和广告合作方式是未来的探索方向。爱奇艺推出了系列合作方式，包括互动广告、衍生周边、直播、演唱会、主题门店、内容植入（如冠名、花字、贴纸、口播等），在 vedio-in 和 vedio-out 等技术支持下方便了品牌进行个性化的内容植入。优酷与淘宝合作，实现了在视频中链接淘宝同款，为用户提供了便捷的购买途径。抖音和搜狐、爱奇艺、腾讯达成合作，进行长短视频联动和视频衍生创作。腾讯也提供短视频、影视、文学、动漫、游戏、音乐等 IP 资源，实现跨业合作和线上线下联动，为品牌赋能并开创了多类型的广告形式。

5. 电商广告

电子商务网站既是企业的信息发布平台，也是商品交易平台。在网络广告的市场份额中，电商广告的市场份额也逐年增加，如 2020 年，我国电商广告市场规模超 3 000 亿元（见图 2-3）。

---

① 刘旷. 长视频又添新变数［EB/OL］.（2022-11-17）［2023-12-22］.https://36kr.com/p/2005057235993351.

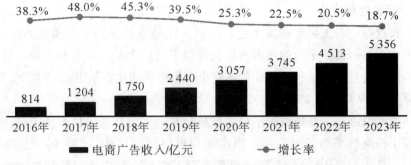

图 2-3 2016—2023 年中国电商广告市场规模①

电商广告具有以下优点：第一，电子商务网站的商品呈现出直观性、即时交流性，消费者能够通过店铺查看产品详细信息并体验企业的电商服务质量。第二，电商平台基于消费者浏览、商品需求等数据最大限度地满足消费者需求，有利于商家推广产品。第三，电商平台推出的短视频和直播等形式，让产品展示形式更加丰富。第四，电商平台中的社交功能（如加入商家的会员、拼多多的"拼小圈"等），不仅为企业提供了开展一对一、一对多服务的渠道，还促进了消费者间的社群营销，并极大地便利了企业私域流量的转化。

6. 户外广告

户外广告具有抵达率高、视觉冲击力强、发布时间长、固定受众覆盖效果好等特点。近年来的户外广告朝着数字化、智能化、交互化方向转型，户外广告的液晶显示屏、刷屏机等与网络联网，数字户外广告的互动感、体验感给消费者带来场景化的体验，受到广告主的青睐。户外广告重视技术、数据对内容投放的加持。阿里巴巴投资分众传媒，利用阿里巴巴强大的数据能力和云计算能力助力户外广告的精准投放；京东投资新潮传媒，借助大数据等技术推动户外广告"人、货、场、时"的匹配；新潮传媒与每日互动合作，推动手机屏、电梯屏、电视屏"三屏融合"，实现线上线下全场景智能触达、电梯屏广告的精准投放；智能技术融入数字户外广告产业中，推动了户外广告的发展。从发展趋势看，新消费品牌重视数字户外广告的投放，如薇诺娜、完美日记、沃隆坚果等；除了电梯广告、电视广告外，快递柜、镜面媒体等众多新型户外媒介形式也不断涌现。

---

① 资料来源：https://report.iresearch.cn/report_pdf.aspx？id=3844.

第三节　新媒体广告传播中的主要问题剖析

随着新媒体广告的发展，其产生了不同于传统媒体的问题，相关广告主体需要制订合理的广告投放计划，并考虑不同广告形式、广告策略的风险。因此，我们需要从广告环节、广告主体、广告形式/策略三个角度梳理新媒体广告的问题，并予以规避和规范。

一、从广告环节看新媒体广告传播的主要问题

（一）广告调查环节

广告调查是广告活动中的基础环节。通过广告调查，广告主能够获得关于商品市场、产业状况、消费者状况等信息。广告主和广告公司能够通过调查结论进行市场分析、产品分析、消费者需求分析、消费者特征分析等，以便进行广告策划和制定效果评估方案等。由于调查工具缺乏、方法不科学和调查动机不纯，有些广告调查会存在调查数据的真实性和可靠性不强的问题。

第一，调查样本问题。如选择的样本不具代表性，样本数量不够等。第二，调查方法问题。如抽样方法不科学、调查方案不科学、数据分析信度和效度不高等。第三，调查过程中的问题。如侵犯被调查者隐私、调研过程和数据作假、调研数据挪用等。第四，调查公司、广告公司、广告主等的主观故意。某些广告主为达到某种目的，故意隐瞒、篡改或捏造调查数据，甚至根据失实的数据编造伪概念和恐惧信息，或未经调查就凭空编造数据和事实。例如，美国有一人捏造了"酸碱体质"的概念，并提出了酸碱体质论，中心思想是"想要身体健康、体重正常，保持身体的酸碱度平衡是关键"。他通过媒介大肆宣传这一理论，其中不乏捏造调查数据、伪造实验结果等。许多患者因盲目信任"酸碱体质"理念和"碱性治疗"方案而耽误了治疗。国内也有部分保健品牌以"酸碱平衡"的概念在互联网平台推销产品，然而"酸碱平衡"这一概念的提出缺乏调研数据和事实依据。

（二）广告策划环节

广告策划是广告活动的核心环节，需要在科学、真实的广告调查基础

上做出具有创造性、科学性的整体计划。广告策划环节主要存在以下问题：

1. 策划方案未考虑方案执行地的文化环境

不同地方的文化环境不同，不同时期人们的文化观念和接受程度也不同。部分广告策划人员未考虑到广告内容中的文化元素、文化观念和价值观在目标市场和媒介覆盖场域（如小众文化圈层表述为在大众媒介传播时可能面临的理解偏差甚至抵制）的适配性。例如，某茶饮品牌在其周边产品杯子上印有"捡篓子"的长沙俚语，愿意为"得便宜，意外收获"，但应用场景表述为"来买奶茶的美女很多，如果你碰巧认识一个，可以小声告诉我们的小伙伴"，这被网友解读为对女性的冒犯。随后，该品牌的官方微博进行了澄清和道歉，并承诺进行整改。

2. 广告策划者的动机不纯

有些广告主和策划人员的广告策划动机不纯，故意损害他人和社会的利益。如有的商家为了自己的利益进行低价促销，扰乱市场正常秩序；有的企业依靠大额投资进行低价促销，以期垄断市场或达到其他目的（如某企业在直播间低价推广产品，实为让消费者贷款加盟）；有的广告公司、公关公司在网络上雇佣"水军"发帖，中伤竞争对手、煽动社会仇恨心理、加重社会焦虑等。

3. 广告策划的内容和手段不当

广告策划的内容和手段应合乎道德要求，遵循公平、公正、诚信等原则。广告策划的内容和手段不当主要表现在以下四个方面：

第一，广告策划的内容不符合社会道德。2012年，某地多条线路的公交车身上出现了"我×某地，凉城××""热！到××凉快去！"等广告语，其中"我×某地，凉城××"的宣传语则有违社会道德并在网络上引起轩然大波，虽然该市旅游局对此进行了解释，但依旧被网友认为是为了炒作而故意使用该词。某品牌投放广告"非阳澄湖，'礼'送得出去吗？"这条广告一是有违中国传统的礼俗，将人们朴素的礼尚往来物质化、功利化，对大闸蟹这个礼物进行消费化、等级化，可能带来人情的物质化、等级化；二是绑架了消费者、冒犯消费者，"礼"不仅指代礼物，也是"你"的谐音，绑架消费者选择该品牌产品，给消费者带来不必要的思想负担；三是可能造成行业内的造假成风，被迫进行虚假宣传。

第二，广告策划不尊重部分社会群体，贬低、污蔑他人或群体，尤其是弱势群体。某品牌曾在其公众号发布一篇名为"女人脚臭是男人的5倍，不信闻一下"的文章，这不仅没有事实依据还涉嫌歧视女性。某银行上海分行公众号发布一篇名为"不要告诉别人，你的肚子是被我们搞大的"的广告推文，被指不尊重女性，引发舆论关注。上海市第三中级人民法院经审理后认为，这一广告标题从其字面意思来看，存在哗众取宠、低级庸俗以吸引眼球之嫌，有违公序良俗，易产生负面的社会影响。

第三，广告策划的竞争手段不正当、不符合道义等。2022年7月14日，"××客服称菜刀不能拍蒜"话题登上热搜，一些竞争品牌乘机宣传自家品牌，在直播间持续直播拍蒜，被认为有"落井下石"之嫌，从而引发了品牌的竞争行为是否符合道义的争议。

第四，采用虚假宣传的手段误导消费者。一些广告主体故意进行虚假宣传，或提供片面的商品信息，或以低价等方式诱导消费。这主要表现在：一是信息不真实，二是过度夸大、渲染产品优点，三是模糊重要信息（如不解释清楚活动规则），四是淡化提示信息（如小字、淡颜色字、不显眼位置），五是通过优惠信息等手段吸引消费者却不兑现承诺。

（三）广告创意和表现环节

广告创意和表现环节是广告活动的关键环节。广告创意可以说是广告的生命和灵魂，在同质化的商品时代，具有独特创意的想法与表现形式，是让广告信息在繁杂信息环境中脱颖而出的关键。如果缺乏创意，再好的广告策划都不能有效落地并打动人心，只会被淹没在互联网的信息洪流之中，甚至某些恶俗的"创意"会遭到受众的反感和抵制。在广告创意和表现环节，主要的问题包括以下三个：

1. 为了"创意"而突破底线

网络时代是一个注意力稀缺的时代，部分新媒体广告人为让广告吸引受众关注而突破底线，采用一些"擦边"、惊悚等所谓"创意"来博眼球。广告创意及表现应该有益于人民的身心健康。《中华人民共和国广告法》也规定，广告不得"含有淫秽、色情、赌博、迷信、恐怖、暴力的内容"。广告创意应拥有健康的主题，尊重消费者，并通过具有创意性的表现手段和媒介来呈现广告策划方案。除了避免色情、惊悚、恐吓等不当"创意"外，还应注意创意是否涉及暴力、欺诈，是否恶意贬损他人或竞争对手，以及是否损害民族情感（本民族及其他民族）。部分创意人员为了"蹭热点"而在社交媒体"抖机灵"，实际上热点可能与自身品牌调性不符，创意可能损害到事件当事人。

2. 广告创意过度夸张

一是广告创意人员在表现创意时采用夸大手段的行为具有欺诈的故意性，夸大的内容与事实不符，包括产品功效的夸大、语言中的"极限词"夸大、恐惧威胁夸大等，这些夸大行为引起了消费者误解。如某些短视频广告故意放大产品使用前后对比差异、炮制名为"暑假太可怕了"的短视频以制造"鸡娃"焦虑等。二是虽然没有欺诈的目的，但因创意失误而造成消费者误解，如电商直播、美食探店等短视频中使用了美颜、滤镜等技术手段而造成的失实（前提是相关人员无主观故意）。

3. 广告创意的剽窃问题

首先，广告创意应是原创的，创意部门应发挥创新能力以制作出独具创意和表现力的作品，杜绝剽窃行为。其次，广告主、广告公司等应加强对作品原创性的审核。由于广告创意和制作涉及多个部门，相关广告人员需要审核各类创意来源和创意表现的原创性，或确保已获得内容原创者的授权。

（四）广告发布环节

广告发布环节存在的问题主要包括：广告发布的媒介是否合适、发布时间是否适宜、媒介的受众群是否适合接收广告内容、媒介是否违规收集用户隐私、广告发布是否过度干扰了用户的正常信息接收环境、是否采用了强迫受众接受的广告形式等。尤其是强迫受众接受的广告形式在新媒体广告中屡见不鲜，如弹出式广告、个人电子邮箱中的垃圾广告、手机短信广告以及户外的各种灯箱广告、电梯广告、视频中的插播广告等。诚然，当前很多新媒体广告具有某种强迫性，但应考虑其强迫程度和被接受程度，不能过度干扰正常浏览、观看和收听，为用户创造良好的信息接收环境。城市中的电梯广告也被认为具有较强的"强迫性"，尤其是某些广告高频、洗脑式播出，广告语反复播放，音量大，业主/受众在电梯中无法避开，被迫忍受这些广告信息。

此外，在广告发布环节或活动执行环节，还应做好发布前的物料准备、物料保护（和保密）、执行人员培训等工作。一个好的广告不仅要注意内容和传播策略，也要关注内容发布时、方案执行时的合理性、规范性和科学性，并在发布阶段、执行阶段做好相关风险的应对预案。2022 年，某茶饮品牌与某手游开展品牌联名活动，该茶饮品牌以游戏中的五个男主角形象定制了专属的饮品纸杯，并且消费者购买指定饮品后会得到商家赠送的明信片、头像框和纸袋。但在活动发布执行阶段，该茶饮品牌的员工多次在各社交平台曝光活动礼品周边和相关物料、私下贩卖合作赠品，导致合作物料提前泄露。自称是该茶饮品牌员工的人在网上辱骂玩家和游戏男主，在网络上引起游戏玩家的不满，最终导致双方的联名活动在宣布三小时后就终止。从这个案例里，我们可以发现广告的执行过程需要严格规范，需要对相关人员特别是基层工作人员进行培训，确保活动能够顺利落地和持续进行。当然，该茶饮品牌部分员工偷拿物料进行倒卖的行为存在违规、违背道德等情况，该茶饮品牌也对涉事门店进行严肃处理并辞退涉事员工。因此，广告人员需要全面考虑从方案策划过程到发布执行过程的各种突发状况和风险，防止类似情况发生。

（五）广告效果监测和评估环节

广告效果监测和评估环节是评估广告是否达到预期效果，检验广告传播水平的重要环节。在广告效果监测和评估环节，主要存在以下问题：广告效果的评估机制是否科学、评估机构是否公正、评估标准是否合理、评估时的数据来源是否正当及正确、评估的维度是否"唯数据论"等。尤其近年来，"数据作假"问题日益突出，让广告传播的实际效果无法评估。总体看来，数据作假问题主要有三类：一是制造虚假的广告曝光、互动、购买数据，如用机器人、木马程序等点击广告、虚假下单；二是"人工"作假，如雇佣"水军"发帖、下单、互动、接听广告主回访电话等；三是有些媒介代理公司通过违规操作让广告隐藏在用户网页中，用户无法看到广告，但广告却能被计入曝光监测数据，从而欺骗广告主。此外，数据监测的可信度也与数据监测机构相关。有的数据监测机构与相关利益方勾结进行数据作假，或以调整监测工具、技术、参数等方式"污染"监测数据等。因此，对监测机构进行监督至关重要，以确保监测能公正、有效地评估广告效果。

二、从广告主体看新媒体广告传播的主要问题

（一）广告主

广告主是指为推销商品或者提供服务，自行或者委托他人设计、制作、发布广告的法人、其他经济组织或者个人。作为市场经济及广告活动的重要参与者，广告主传播广告信息的主要目的是销售产品或服务。随着市场经济的发展和广告业的规范发展，大部分广告主能够遵纪守法，运用科学合理的方式传播广告，并在新媒体技术的支持下更加注重互动性和实效性。但有的广告主为了达到目的会通过虚假广告、"网络水军"、色情广告、非法收集和贩卖用户信息、激发矛盾、煽动情绪等方式推销产品，对社会造成不良影响。近年来，虚假广告、情色广告问题在广告主的企业自媒体中表现得较为突出。

1. 虚假广告

虚假广告是指广告活动中对商品或服务的内容进行不真实的宣传，对商品或服务的性能、产地、用途、质量等表述模糊不清，使用数据、资料不真实，从而欺骗或误导消费者购买，侵害了消费者和其他经营者合法权益的违法行为①。

虚假广告分为欺骗性虚假广告和误导性虚假广告。欺骗性虚假广告，是指广告信息与事实不符，表现在故意隐瞒产品或服务缺陷、过度放大产品优点、承诺无法兑现等。误导性虚假广告是指广告信息可能致使消费者对事实产生误解。2019 年 5 月，天猫网店某雪糕品牌旗舰店上发布的宣传网页涉嫌违反《中华人民共和国广告法》（以下简称《广告法》）的规定。该雪糕品牌宣称网上销售的一款轻牛乳冰淇淋产品"不加一滴水、纯纯牛乳香"。然而，经核实，该款冰激凌产品配料表中明确含有饮用水成分，其宣传内容和实际情况不符，属于误导消费者的虚假宣传。

虚假广告的手段主要包括广告主虚假、广告内容虚假、广告模特虚假、广告形式虚假四种类型。广告主虚假是指有意伪造或隐瞒企业名称，提供虚假的地址、联系人、联系方式、企业标志等。有的商家在某些电商平台销售假冒伪劣产品，提供虚假的发货地址等；消费者在维权时却找不到商家，或商家直接注销账号"跑路"。广告内容虚假是指广告信息对商品和品牌的性能、成分、产地、质量、有效期等信息进行虚假表述，或采用过度的滤镜、剪辑、快进等技术手段致使消费者误解。广告模特虚假是指广告中的专家"证言"、消费者"现身说法"、明星推荐等所述内容和所展现的形象（如产品使用前后形象对比）等虚假。广告形式虚假是指虽然看似采用非广告形式，但实为广告，如以新闻报道形式发布的广告以及在信息流中部分不具有明显广告标记的广告。

---

① 陈正辉. 广告伦理学 ［M］. 上海：复旦大学出版社，2008：116.

2. 情色广告

情色广告主要指隐晦性暗示、庸俗低级、亵渎社会风俗，给大部分受众带来不愉快体验的广告[①]。新媒体广告中，一些广告主以"性擦边"、语言"性暗示"、暴露身体、描述或隐晦描述性行为等方式吸引受众点击、浏览广告。情色广告将女性/男性置于被凝视、被歧视的位置，物化两性关系，并导致大众审美庸俗化，从而对大众特别是青少年造成不良影响。

在自媒体时代，企业自媒体是广告主传播广告信息、树立品牌形象的重要平台。但有的广告主自我把关不严，利用情色广告或含有情色信息的内容吸引用户关注，在微博、短视频平台、直播间等场合通过广告行为冒犯他人，造成恶劣影响。某汽车品牌曾在其微博发布"汽车高速奔跑掀起女生裙子"的视频，被指不尊重女性，且某种程度上鼓励了"偷窥"行为，对社会造成不良影响。《广告法》强调广告要"符合社会主义精神文明建设和弘扬中华民族优秀传统文化的要求"，广告主应规范自身言行，加强内容把关，促进社会主义精神文明建设。

（二）广告公司

广告公司又称广告代理公司，主要从事广告经营业务，为企业提供广告营销等相关综合服务，包括广告策划、广告制作、广告媒介代理、广告发布等。广告公司的核心业务是制作和传播广告作品。在与广告主进行前期沟通和市场调研后，广告公司根据广告的营销目标制作出体现产品特点、企业价值观、消费者需求的广告作品。然而，广告公司在调研、创新、发布等环节易出现下列问题或现象：调研数据作假、广告效果夸大、抄袭他人创意、文化歧视、色情媚俗、虚假广告等。究其原因，部分从业人员专业素养和道德素养不高，容易被利益诱惑。

（三）广告媒介

广告媒介是传播广告信息的物质性或非物质性工具，广告媒介的问题主要体现在广告媒介的信息内容、广告媒介传播形式、广告媒介发布方面。

广告媒介的信息内容方面，部分媒介发布虚假的、低俗的、有违社会主义核心价值观的广告。随着经济的发展，广告媒介有责任在培养消费者形成健康积极的消费习惯方面作出贡献，为消费者构建一个真实、公平、

---

① 陈正辉. 广告伦理学 [M]. 上海：复旦大学出版社，2008：136.

健康、环保的信息环境和消费环境，应严格遵守法律、奉行商业道德、尊重和弘扬传统文化，对消费者产生价值观引领作用。

广告媒介传播形式方面，部分媒介的广告形式有违公平、强迫受众接受，如竞价广告、弹窗广告、"摇一摇"广告、电梯广告等。这些广告形式让受众处于过度密集和强迫性观看的信息环境中，容易使受众产生厌烦和排斥心理，大大削弱了广告的信息传播力。

广告媒介发布方面，部分媒介的信息发布频率过高，甚至侵犯消费者隐私等。过量、过密的广告扰乱了正常的信息接触环境，麻痹消费者神经，而部分精准广告推送具有隐私侵犯的问题。而这些问题产生的原因之一在于新媒体时代媒介激增，在媒介资源、注意力资源竞争和争夺下，部分广告从业人员和媒介不断增强广告的刺激强度，试图通过色情、暴力、低俗以及过量信息等刺激受众麻痹的神经。新时代的新媒体广告应传播真善美，以好的创意和手段引领社会文化风尚，促进广告行业良性发展。

（四）广告代言人

《广告法》界定，广告代言人是指广告主以外的，在广告中以自己的名义或者形象对商品、服务作推荐、证明的自然人、法人或者其他组织。广告代言人在广告中对商品、服务作推荐、证明，应当依据事实，符合法律、行政法规规定，并不得为其未使用过的商品或者未接受过的服务作推荐、证明。广告代言人具有审查广告内容的义务，但部分广告代言人应当知晓或明确知晓广告内容为虚假或存在误导性仍进行代言；对其未使用过的产品或服务代言。还有的广告代言人违法违规，道德低下，对社会产生不良示范。部分企业只看到代言人对产品销量的带动，却未综合考察代言人的道德素质和文化素质，甚至有的企业利用粉丝"饭圈"，以销量比拼让粉丝"打榜"，破坏网络和谐环境，对青少年成长产生错误导向。广告代言人应当遵守法律法规，不得违法进行广告代言，应当展现积极、正面、良好的形象，并言行一致，促进社会和谐发展。

（五）广告受众

广告受众是广告信息的接收方，也是广告信息的参与者、广告产品的消费者。在广告活动中，部分广告受众在传播信息时不辨信息真假，甚至传播谣言；部分受众为获得促销优惠而未经同意泄露他人信息或强行要求他人参加广告活动；部分受众进行"虚假好评""虚假下单"等；部分受众过度透支自己消费能力；等等。

三、从广告形式/策略看新媒体广告传播的主要问题

（一）实时竞价

实时竞价（real time bidding），也叫公开竞价（open auction），简称 RTB。RTB 就是在每个广告展示曝光的基础上进行竞价。流量需求方在广告交易平台中，设定广告流量底价，当有流量时，与其他程序化广告买家一起对流量出价；广告交易平台收到各个程序化买家的出价后，进行比价，价高者获得流量和同步竞价成功的结果。

实时竞价的优点如下：第一，实时竞价的效率高。实时竞价的程序化购买模式取代人工议价，整个广告购买过程都是通过程序化的方式在 100 毫秒内完成的。第二，实时竞价的精准度高。广告竞价的标的物是关键词和用户特征/兴趣标签，通过关键词等能提高广告投放精准度。关键词可以帮助客户快速锁定目标用户、推荐爆款产品、提高知名度和曝光度；用户特征标签让信息与用户标签更贴近，出价高者的广告更容易出现在其页面，促进进行大数据推送和广告的跨网络购买（如淘宝搜索的产品更容易出现在视频网站的广告位——关键词和用户标签），实现广告定向投放。第三，提高了媒介的广告资源利用效率，实现销售过程的自动化。但实时竞价广告的问题需要进一步讨论。

（1）公平性问题。"价高者得"的逻辑让出价高者的信息更容易出现在用户浏览的界面。在用户进行关键词搜索时，与关键词关联度强的广告有更大概率出现在搜索引擎页面、淘宝首页、信息流广告位（微博、朋友圈、抖音等），帮助企业快速锁定用户、重点推荐产品、提高知名度和曝光度。"价高者得"的逻辑公平性问题体现在以下四个方面：①未参与实时竞价的企业或出价低的企业面临信息展示的不公平，未参与竞价的企业处于明显不利地位；②某些搜索平台屏蔽或将非竞价排名企业靠后，存在媒介霸权的争议，导致部分企业不得不参与实时竞价，消费者的信息选择权被剥夺；③在信息显示上，实时竞价在一定程度上干扰了信息显示的自然排名，存在关键词相关的广告内容与非广告内容的公平性问题；④搜索平台间的实力分布不合理性，某些平台具有远超其他搜索平台的市场份额，干扰了搜索市场的公平性。

（2）监管问题。部分平台对平台内信息缺乏监管，只强调"价高者得"而忽视了平台自身对信息发布者的监管责任。当广告主发布了虚假信

息，媒介平台收取广告费却规避主体责任，造成权利与义务不对等问题。相关平台应进一步落实主体监督责任，全面审核参与排名竞价客户的资质，加强对平台内信息的监管。

（3）欺诈问题。一方面，平台传播虚假信息、虚假产品对受众造成欺诈；另一方面，部分平台存在虚假点击和恶意点击问题，用虚假数据欺骗广告主。

（4）广告信息与非广告信息的区分问题和页面占比问题。2023 年 5 月 1 日起施行的《互联网广告管理办法》第九条规定："互联网广告应当具有可识别性，能够使消费者辨明其为广告。对于竞价排名的商品或者服务，广告发布者应当显著标明'广告'，与自然搜索结果明显区分。"目前，搜索平台存在的广告与非广告信息的区分问题得到了一定程度的解决，但部分平台的广告信息仍未加"广告"二字的显著标志。而搜索平台页面的广告信息条数远远超过非广告信息，尤其是与搜索词相关的前几个页面。如笔者在 2023 年 7 月 23 日在某平台搜索"投稿"关键词，在前 20 个页面，每一个页面中广告内容与非广告内容的比例为 15∶1，加大了受众的信息搜索难度，侵犯了受众的信息选择权。

（5）隐私问题。部分平台非法搜集用户隐私信息，对消费者的信息安全构成威胁。

（二）饥饿营销

饥饿营销，作为一种商品或服务的商业推广策略，是指商品提供者有意降低产量，以期达到调控供求关系、制造供不应求的"假象"，从而维护产品形象并维持商品较高的售价和利润率。尤其是在直播带货中，部分商家和主播利用饥饿营销策略，刺激消费者进行"秒杀"抢购。虽然饥饿营销有助于提升产品销售，塑造产品"稀缺"和"珍贵"的形象，但这种策略实际上建立在买卖双方信息不对等的基础上，通过故意制造"供不应求"的假象，违背了信息的平等性和消费者的平等购买权。

（三）病毒式营销

在病毒式营销策略中，广告传播者旨在激发受众的分享欲望，使广告信息能够依托受众的现实和社交网络关系，实现快速复制与广泛传播。但部分策划者错误地利用低俗、八卦、色情等内容作为标题引发受众传播；部分策划者采用引诱或强迫方式，让受众被动参与分享，给受众增加不必要的社交负担。

（四）口碑营销

社交媒体时代，消费者对产品和品牌的正面评价对于其他消费者了解产品、树立品牌良好形象有重要作用。但部分所谓的"口碑营销"实为"买通"买家进行的虚假操作，如"刷好评"、部分 KOL 在博文中虚假"种草"，从而影响消费者的判断。

（五）定位策略

定位策略是基于竞争者现有产品在市场上的定位，结合消费者对该产品某种特征或属性的重要程度，为本企业产品塑造出与众不同的、鲜明个性的形象，并把这种形象生动地传递给消费者。定位策略塑造了产品和品牌的独特形象，让消费者能根据自己的需求有针对性地做出选择。但定位策略也从一定程度上造成了区隔，部分广告通过对物的区分间接形成了对人群的区别对待，可能导致社会群体的被等级化、区隔化。而过度细化的"差异化"打造也造成营销资源的浪费。

（六）内容营销

内容营销的核心在于向消费者提供有价值的内容，但一些企业发布的内容存在虚假、低俗、"伪科学"等问题，甚至部分企业在内容中刻意制造焦虑和恐慌，以追求不当利益。

（七）事件营销

事件营销是指企业通过策划、组织和利用具有新闻价值、社会影响力以及名人效应的事件或人物，吸引媒体、社会团体和消费者的关注，以提高企业或产品的知名度、美誉度，树立良好品牌形象，并最终促成产品或服务的销售的手段和方式[①]。部分企业为博取关注，不惜制造骇人听闻的事件，或过度利用热点事件的"热度"，或邀请具有争议性、道德问题的"名人"参与，只求短期内获得关注而不顾企业的声誉和形象。

（八）植入式广告

植入式广告对受众的影响是潜移默化的。植入式广告应该自然融入内容之中，与剧情相协调，不冒犯消费者，不侵犯其权益，但应具有一定的可识别性，能够让消费者识别其为广告。在内容详情页、标题、推荐位等地方，企业应当有广告标记，将含植入广告的内容与非广告信息进行区分，避免消费者产生误解。尤其是在短视频、直播等新媒体内容中，政府

---

① 毛利，唐淑芬. 新媒体营销 [M]. 成都：电子科技大学出版社，2020：16.

需要加强对涉及烟酒、低俗语言及手势、色情展示等内容的监管。

（九）低价促销

电商平台常常在购物节或其他促销节点进行低价促销，但低价促销存在信息不实的问题。一是有的商家先提高价格后打折；二是低价产品与实物不符，如购物软件显示低价，但消费者点击进入后却是其他规格或款式的商品；三是低价往往成为吸引消费者的噱头，如低价产品数量少、限时购买、被内部人员抢购等，依靠低价产品（谎称产品售罄或产品质量不好）吸引顾客到店以推荐其他产品；四是低价捆绑销售屡见不鲜，即消费者购买某低价产品，必须附带购买其他产品。低价促销可能会伤害同行业或异业从业者，还会造成无意义的消费占有，浪费资源。

第三章　直播电商广告、短视频广告和内容营销的问题与治理

直播电商广告与短视频广告已经与人们消费生活紧密相连，其特点是参与用户多、渗透度高。直播电商广告与短视频广告也是广告主进行内容营销的主要方式，内容营销是主要的策略之一。因此，本章对直播电商广告和短视频广告的问题展开深入分析，探讨其发展状况、主要特点、核心问题、问题产生的原因和相应的治理策略。

第一节　直播电商广告的问题与治理

2020年后中国直播电商行业蓬勃发展，掀起"全民带货"狂潮，包括明星、企业家、网红、媒体机构、普通人等，纷纷加入直播带货行列中。但在"全民带货"的同时也出现了网红主播带货乱象，如虚假带货、数据造假等。

一、直播电商概述

（一）直播电商的概念

直播电商是指电商与直播相互融合，以达成交易为目的的商业运营模式，其主要参与方为直播承载平台、主播机构、主播和消费者①。直播电商打破了传统的商超购物、电视购物以及电商购物模式，形成了集直播、电商、网红于一体的电商生态，是电商平台的衍生品，也是企业开展营销

---

① 易观. 2023年中国直播电商发展洞察［R/OL］.（2023-02-18）［2023-11-20］.https://www.163.com/dy/article/HTRL6AU905118O92.html.

工作的新渠道、新模式。

（二）直播电商行业的发展

中国直播电商开始于 2016 年，2019 年进入快速发展期，有媒体认为2019 年的直播电商"万物皆可播"。2019 年，直播电商整体成交额达4 512.9亿元，同比增长 200.4%，但仅占网购整体规模的 4.5%。2020—2022 年，电商直播行业迅猛发展，各大电商平台纷纷开展电商直播。中国社会科学院财经战略研究院、淘宝直播联合发布的《2022 直播电商白皮书》显示，2022 年 6 月，我国电商直播用户规模为 4.69 亿，较 2020 年 3月增长 2.04 亿，占网民整体的 44.6%。估计 2022 年全网直播电商的商品交易总额（GMV）为 3.5 万亿元左右，占电商零售总额的 23%左右。2023年 1 月 30 日，商务部发布消息称，2022 年重点监测电商平台累计直播场次超 1.2 亿场，累计观看超 1.1 万亿人次，直播商品超 9 500 万个，活跃主播近 110 万人①。2023 年 2 月，易观国际在《中国直播电商发展洞察2023》中指出，随着直播电商行业政策的完善以及抖音、快手等电商生态的成熟，直播电商渗透率进一步提升。同时，《中国直播电商发展洞察2023》提出，随着 2021 年直播电商中淘宝直播、快手电商和抖音电商形成三足鼎立之势，更多品牌和从业者加入直播带货行列，中国电商直播处于成熟期。从各电商平台对直播业务的梳理看，2016 年蘑菇街（3 月）、淘宝（5 月）、京东（9 月）开通直播平台，2018 年快手（6 月）、抖音（12 月）两大短视频平台进入电商直播领域，2020 年 1 月社交电商拼多多进行直播首秀，2020 年 4 月内容电商小红书上线直播入口。各电商平台对直播的投入形成"电商直播化"。2023 年 2 月，淘宝直播公布新一轮的产业带扶持计划，将在全国重点产业带培育 10 万个直播账号、20 万新主播、1 000 个百万级直播间。

（三）直播电商的广告优势

1. 产品的直观展示

直播电商通过直播间主播的介绍进行产品和服务的直观展示。直播带货的模式打破了传统销售时间和地点的约束，也突破了传统电商的信息自主阅览的单向模式，形成了一对一、一对多的产品互动交流模式，简化了消费者的购买流程。

---

① 王文博. 商务部：2022 年重点监测电商平台累计直播场次超 1.2 亿场［EB/OL］.（2023-02-02）［2023-12-23］. http://www.cinic.org.cn/xw/bwdt/1400587.html.

2. 热闹的购物氛围

直播间是一个集娱乐、消费和社交于一体的场景，除卖货的功能服务外，主播还进行娱乐表演、互动聊天、内容输出，消费者之间也能进行评论互动，并获得陪伴、愉悦等情感价值。同时，伴随直播间秒杀、点赞、送礼物等购物热闹氛围，广告的购买转化率高。

3. 品牌的流量新入口

直播电商的迅猛发展给商家和品牌提供了新的流量入口和广告宣传渠道，且购买转化率和到达率更高。很多品牌开始发展"自播"业务，通过在各大电商平台的直播账号宣传和售卖产品。

二、直播电商广告的问题及表现

直播电商的"带货"作为一种新兴的营销形式，在给行业带来新的契机和新增长点的同时，其弊端也逐渐显露。一些从业者加大了行业规范的难度，被媒体贴上了"群魔乱舞""网红乱象"等负面标签，给行业发展和社会秩序带来挑战。中国消费者协会发布的《2020年十大消费维权舆情热点》指出，"'直播带货'新问题层出不穷"的社会影响力为108.3分，位列消费维权十大热点第二位。这些新问题包括产品质量低劣、虚假宣传、售后服务不到位、刷单造假、流量造假等。《2022年十大消费维权舆情热点》中，"主播售假问题暴露直播带货侵权乱象"的社会影响力为86.9分，涉及的问题包括假冒伪劣、货不对板等。

（一）虚假宣传

虚假宣传是指在商业活动中，经营者利用广告或其他方法发布与商品或者服务实际内容不符的虚假信息，导致消费者产生误解的行为。直播带货中，虚假宣传主要表现在以下几个方面：

1. 片面夸大产品功效

部分主播在介绍产品时，会有选择地、片面地对产品的功效进行夸大宣传，甚至故意隐藏关键信息或应当让消费者注意的信息。如某主播为销售羊肚菌，声称食用羊肚菌可以补脑提神、补肾壮阳，这不仅夸大产品功效，还涉及宣传食品具有疾病预防或治疗功效，违反了《广告法》相关规定。

2. 虚假宣传商品原料、产地、有效期、规格等信息

部分主播隐瞒产品或服务的关键信息，或对关键信息"张冠李戴"，

使得产品或服务相关信息与实际信息不一致，造成消费者收到货后"货不对板"。《广告法》第五十六条明确规定："发布虚假广告，欺骗、误导消费者，使购买商品或者接受服务的消费者的合法权益受到损害的，由广告主依法承担民事责任。广告经营者、广告发布者不能提供广告主的真实名称、地址和有效联系方式的，消费者可以要求广告经营者、广告发布者先行赔偿。"

3. 虚假降价

一是将价格定得远高于商品市场价值，通过较大的优惠力度来吸引消费者购买；二是将有质量问题的残次品、临期产品进行低价销售，但未告知消费者实情。消费者以为"捡到便宜"，在折扣和低价刺激而冲动购买，造成后续退货难、维权难等问题。虚假降价也提高了直播电商行业的商品退换率和不满意度。

4. 虚构品牌故事

虚构品牌故事包括编造企业的历史、规模、经营范围、资质、所获荣誉，以及品牌发展、品牌业绩和事迹等，甚至包括虚构企业主个人"慈善事迹""破产让利故事"等。直播带货中的虚假宣传行为违背了"诚实信用"原则，不仅欺骗了消费者，也对企业和品牌的声誉造成了不良影响，并在一定程度上阻碍了直播带货行业的良性发展。

5. 引人误解的不当对比

一些主播在直播中通过贬低市场同类产品的方式销售产品，或虚假宣传产品能够达到某类产品或服务的相似功效。某网络科技有限公司旗下主播推广某美容仪时，使用"全脸激活胶原蛋白、提拉紧致、提拉淡纹，效果巨明显……坚持用了一个月，就相当于打了一次热玛吉，效果真的很可怕很神奇"等用语。国家市场监督管理总局认为，该美容仪与"热玛吉"两者从产品定价、使用性能、持续效果等方面都存在较大差异。主播在无任何依据的情况下，将两者进行对比，容易引发消费者不恰当联想，造成消费误导。

6. 直播带货数据造假

《中华人民共和国电子商务法》（以下简称《电子商务法》）明确规定："电子商务经营者不得以虚构交易、编造用户评价等方式进行虚假或者引人误解的商业宣传，欺骗、误导消费者。"但从实际情况看，数据造假现象在直播电商平台和主播中依旧存在。

一是通过操纵流量，利用机器人或人工"刷单""刷粉""刷评论"，营造直播间数据假象，虚增直播间热度，欺骗消费者和平台。一方面，较多的数据流量会得到消费者的信任，也容易使消费者在直播观看中受购物氛围影响而冲动消费。另一方面，高流量也会获得直播平台的流量扶持。在流量竞争时代，数据造假成为腰部、尾部主播快速吸引眼球、抢占流量的捷径。2020年的"双十一"直播中，某脱口秀演员在直播间进行数码产品带货，直播间人数为311万人，然而，据工作人员透露，实际观众不到11万人，其余数据都是机器"刷"出来的假数据。该数据造假行为被中国消费者协会在《2020年"双11"消费维权舆情分析报告》披露，该脱口秀演员的工作室也表示坚决抵制流量数据造假的行为。

二是通过"饥饿营销"手段造假库存数据，营造商品稀缺氛围，欺骗消费者快速下单。虽然数据造假在短时间内"炒热"直播间，打造"爆款产品"和"带货网红"，但数据造假行为不仅欺骗和误导了消费者，而且属于违法行为。商家、直播间如果不把精力放在提升产品质量和选品质量上，而是把大量资金、时间等投入到制造虚假数据上，那么长期来看，这将对直播间、企业主和整个电商行业发展造成"劣币驱逐良币"的不良影响。

（二）产品质量问题频现，维权困难

直播带货在快速发展的同时，产品质量问题及维权困难的相关新闻频现报端。中国消费者协会2020年3月31日发布的《直播电商购物消费者满意度在线调查报告》显示，从消费者的维权认知与经历来看，有37.3%的受访消费者在直播购物中遇到过消费问题，但仅有13.6%的消费者遇到问题后进行投诉。同时，"担心商品质量没有保障"和"担心售后问题"是消费者不使用直播电商购物的两大主要原因，占比分别为60.5%和44.8%。湖北省消费者委员会发布的《2022年线上直播带货消费服务对比调查活动报告》显示，24.7%的消费者表示主播存在虚假宣传、过分夸大商品功效的问题；19.9%的消费者表示存在过度饥饿营销、营造供不应求假象的问题；18.6%的消费者表示原价虚高，优惠夸张；16.1%的消费者认为卖家会通过刷单进行数据造假。

一些直播间团队选品把控不严，或为了赚取高额佣金，选择质量低劣、不符合相关行业标准或国家标准、过期的产品上架。消费者在购买到假冒伪劣产品后维权困难，涉及的直播平台、主播、厂家之间相互推诿，甚至部分直播间销售完产品后注销账号，消费者维权渠道受阻、维权事项繁琐、维权时间长。较低的维权成功率也导致直播电商假货之风蔓延。

（三）诱导性消费

诱导性消费是指企业为达到销售产品的目的，采取与所推销产品具有内在联系的销售方式或方法，以诱导消费者购买其产品的策略。部分主播为了获得更高的佣金，采用各种手段诱导消费者购买商品，包括但不限于虚假承诺免费赠送、赠品福利包、大额返券、低价诱导、饥饿营销（限量诱导）、悲情营销、抢购/秒杀狂欢、故事诱导等方式。其中，"故事诱导"指有些主播在直播间售卖产品时讲述离奇故事，消费者若想继续"听故事"则须购买产品。部分主播将自我身体过度展露、身着奇装异服以吸引消费者。此类低俗、审丑式的消费诱导严重污染了直播电商的内容环境，对消费者的道德观和审美观等产生了不良影响。

此外，直播间是一个媒介场，主播的超快语速、夸大赞美、夸张表演、折扣图标、抢购倒计时、抢购链接、点赞爱心闪烁、观众弹幕刷屏等场景设计，让消费者处在高密度的信息接受环境中。在这种环境中，消费者很容易失去判断能力而被动接受主播消费诱导，迷失在直播间中而产生冲动购买行为。

（四）主播和消费者的双重异化

直播带货平台中的异化从主体上看，主要表现在对"带货"主播的劳动异化和消费者的消费异化两方面。

一方面，部分直播间将直播间的数据与主播的收入直接挂钩，造成主播的劳动异化。这些数据包括但不限于直播间的带货数量、观看人数、互动数据、粉丝关注数、在播时间及时段数据等。主播为了获得较高的流量数据和收入，在直播内容上，不惜通过低俗、欺骗等方式获取观众的关注和购买，造成直播间"网红乱象"。带货主播为了"走红"，不惜违背社会道德，通过搞怪、扮丑、炫富、卖惨、公然毁坏公共财物、伤害动物、泄露自己和他人隐私，甚至造谣、诽谤他人，或恶意制造虚假事件来博取网络关注。这些在直播间出格的言行，不仅是直播间流量模式对主播的劳动异化，还污染了网络环境，造成不良影响。在直播时长上，有些主播每天在线直播超过 16 小时，很多主播从白天直播到深夜。由于晚上直播数据更好，部分主播不顾自己的身体健康常常深夜直播。在主播类型上，近年来，一些老人也加入了直播带货的行列，但部分多频道网络（MCN）机构给老人的薪资、分成比例明显不公。同时，老人深夜直播、虚假"卖惨"等现象，会对社会道德观念造成冲击。

另一方面，部分消费者也在直播间中迷失自我，陷入了"消费成瘾"的境地，这是一种消费的异化。消费成瘾主要表现在对自己的消费行为失去自控能力，对消费产生了精神依赖，需要通过不断购买满足内心的欲望。一是消费者对直播间商品的"冲动式"购买。有些商品不是消费者需要的或未在购买计划内，但消费者容易在直播间的消费引诱下冲动购买。二是消费者对商品的"囤货式"购买，受直播间所谓"低价"策略影响，消费者购买了远超其需求量的商品。这实际上是一种贪婪式消费。三是消费者对商品的"追星式"购买。为支持直播间主播或嘉宾，消费者会购买自己本不会消费或远超数量的产品，甚至明知是"智商税"产品依旧下单。四是消费者"快乐式"购买，消费者的购买并非满足物质需求，而是通过消费来获得快乐。无论是观看卖货直播，还是收取快递，消费什么产品不重要，观看直播和购买过程才是目的，满足自我的心理需求从而排遣无聊、孤独、焦虑等。消费者无节制、无理性地消费会造成社会资源的浪费，消费者也会逐渐失去消费的理性思考能力和产品鉴别能力，被不断膨胀的消费欲望所奴役。这也会对其生活产生负面影响，如财务损失、情感空虚、自我厌恶、生活意义感丧失等。

三、直播电商广告问题产生的原因

(一) 平台方：监管难度大与监管缺位

近年来直播带货的主播人数呈迅猛增长的态势，主播群体庞大，直播的内容、种类丰富庞杂。同时，直播带货具有实时性、节奏快、成交速度快且成交量大等特点，因此平台和相关监管部门实现同步监管的难度大，而事后追责又面临取证困难、主体责任不明确等问题。由于直播带货涉及平台、MCN机构、主播、商家、运输方、消费者等各类利益主体，针对具体问题的责任归属情况较为复杂，这进一步加大了监管和追责难度。

另外，平台方的监管缺位也是直播带货失范的一个原因。中国国际电子商务中心研究院发布的《2021年中国直播电商产业研究报告》显示，截至2020年12月，中国网络直播用户规模达6.17亿，占网民整体的62.4%；其中，电商直播用户规模达3.88亿，占网民整体的39.2%。直播电商进入存量竞争时代，各电商平台为争夺消费者注意力展开激烈竞争，部分平台为了自身利益，对某些主播的失当直播行为监管缺位，"睁一只眼闭一只眼"，给直播电商平台的发展造成不良影响。

（二）产品方：品牌厂商的两难抉择

直播带货拓宽了品牌的产品销售渠道，同时也带来了较高的产品曝光度和短时间内的销量暴增。但品牌厂商面临直播间高昂的"坑位费"和主播（MCN机构）的较高佣金抽成、出场费，这些对于品牌厂商来说是个两难抉择。"坑位费"即主播带货时需要支付的费用，从几万元到几十万元不等，甚至有所谓的"打包价"高达百万元量级；抽成比例则从20%到50%不等，有时可高达惊人的70%①。在品牌厂商中，大品牌具有一定知名度，但企业自己的直播间正在成长阶段，流量有限，仍需要寻找具有人气的网络主播、带货达人进行带货，以起到自身直播间流量导流作用。但大主播、中小主播的议价能力不同，导致品牌方产品在不同类型直播间（大主播、中小主播、品牌官方直播间等）价格混乱。直播间之间产生流量和价格的恶性竞争，最终影响了品牌形象。而对于小品牌、小厂家，高额"坑位费"和抽成吞噬了企业的利润空间。一些主播为获取利润、清理库存，导致以次充好、价格虚假打折等问题频频出现。

（三）传播方：把控不严与追求流量

从传播方看，直播带货相关问题的原因主要包括：直播团队选品把控不严，导致假冒伪劣、质量低下的产品在直播间售卖；主播/直播团队/MCN机构对内容把控不严或有意为之，为追求流量而传播低俗内容。从本质上讲，传播方对产品和内容的把控不严主要包括以下三个方面：

1. 部分主播的个人素质不高

目前带货主播素质参差不齐，部分主播个人素养不高，缺乏基本的法治观念和道德观念。由于直播带货主播的进入门槛低、数量多，部分带货主播为成为"人气主播"铤而走险。《财联社》报道显示，2022年1月至11月，电商直播超过2 000万场，平均每天近6万场直播。这就意味着主播需要承受与近6万个同台竞争对手争夺用户的残酷压力。在巨大的竞争压力下，部分主播忽视网络道德规范，靠贬低竞争对手的产品、贬低其他主播等方式进行恶性竞争。

---

① 央广网.直播带货乱象调查："坑位费"成"坑"企业"回血"不成变"吐血"[EB/OL].（2021-12-12）[2023-11-21].http://finance.cnr.cn/txcj/20211212/t20211212_525685613.shtml.

2. 对 MCN 机构/直播间的监管不严

很多主播签约了 MCN 机构，MCN 机构的直播电商团队负责选品。但部分电商直播平台和相关部门对 MCN 机构/直播间的产品监管不严，导致 MCN 机构趋利选择质量有问题的产品进行直播带货。在商品信息呈现方面，部分主播对商品的介绍不足或有明显立场，通过产品优惠、秒杀活动等手段干扰用户的产品购买决策。因此，应加大对直播间产品的监管力度和处罚力度，要求直播产品的详情信息有明显的页面提示和时间预留，例如提前在直播间店铺的商品页面进行产品介绍，这样也有利于平台和消费者对产品进行了解和监管。

3. 传播方的道德观、价值观问题

这里的传播方主要包括直播带货的媒介平台、主播、MCN 机构以及商家。商家既是产品的提供方，也是产品信息的传播者。商家的信息体现在产品包装、产品详情页、直播间与主播联合出镜中。部分传播者逐利而忘义，违反社会道德，通过低俗、假货、虚假承诺等方式牟利。

（四）受众方：非理性的言语与消费

观看网络直播带货已经成为一种娱乐活动。但在观看网络直播和购买商品时，部分消费者的互动语言不当，出现非理性行为，如疯狂打赏、疯狂购买、互动时语言低俗或暴力等。直播间的消费者具有匿名性，空间具有开放性，导致消费者在直播间互动时语言失当，随意传播信息。无论是对主播进行色情挑逗、贬低主播还是盲目崇拜主播，消费者的非理性言语和消费都会对直播平台的内容生态造成不良影响。

四、直播电商广告问题的治理

（一）加快行业规范和标准制定

近年来，对直播带货的监管不断加强，既有宏观性的法规政策，也有具体的操作指南。如 2020 年 6 月，中国广告协会发布的《网络直播营销行为规范》是国内第一个关于网络视频营销活动的专门自律规范，让直播带货有规可依。《网络直播营销行为规范》提出，"主播在直播活动中，应当保证信息真实、合法，不得对商品和服务进行虚假宣传，欺骗、误导消费者""不得采取虚假购买和事后退货等方式骗取商家的佣金""网络直播营销主体不得利用刷单、炒作等流量造假方式虚构或篡改交易数据和用户评价"。2020 年 11 月，国家市场监督管理总局发布《关于加强网络直播营销活动监管的指导意见》，压实了网络平台、商品经营者、网络直播者等有关主体的法律责任，并列举八大重点违法行为，明确相应的处罚办法。2021年3月，国家市场监督管理总局下发《网络交易监督管理办法》，将网络直播带货等网络交易新业态纳入监管范围，针对直播带货的自动续费、虚构数据等问题，制定了一系列法律法规。但直播电商发展和迭代速度快，新现象、新问题出现的周期缩短，行业规范和标准也需要加快制定，需要对直播带货行业进行更严、更细的管理。

（二）加强主播的培训和价值观引导

直播电商行业应加强主播培训，包括业务培训和法律道德培训。业务培训的内容涵盖商品知识、商品介绍技能和规范、商品所属行业知识等。法律道德培训则旨在使主播具有正确的价值观，杜绝拜金主义、享乐主义和庸俗主义等；确保主播对基本的法律知识、行业法规和标准有清晰的认识。头部主播应明确他们作为公众人物、意见领袖的身份属性，强调其社会责任意识和道德使命，为社会作出表率和引导；要珍视自己积累起来的口碑和消费者信任，坚决反对"数据造假"和虚假宣传等违背诚信的行为。

许多学者也建议带货主播应"持证"上岗，提升准入门槛。直播平台应进行主播职业认定，列出主播"黑名单"，将违法、违规、售假、违背社会道德的主播列入"黑名单"，并加大惩戒力度。2020年11月，《国家广播电视总局关于加强网络秀场直播和电商直播管理的通知》要求开办电商直播的平台要切实落实主体责任，着力完善各项网络直播业务制度，对开设直播带货的商家和个人进行相关资质审查和实名认证，完整保存审查和认证记录。对头部直播间、头部主播及账号、高流量或高成交的直播带货活动进行重点管理，加强合规性检查。此外，各平台和相关部门应该定期和不定期进行主播培训与考察，提升直播内容的专业性，并进行内容的实时监管。

（三）畅通投诉、售后、维权渠道，加强违规内容识别

针对出现的商品质量问题、价格明显不公、直播内容违背社会风俗等问题，应畅通消费者的投诉和沟通渠道。平台和相关部门应及时处理消费者投诉，及时帮助消费者维权，及时对相关责任主体进行追责。平台也需要强化技术手段并加强平台规范，对平台直播中的违规行为进行及时识别和处理，对违规主体依据国家、行业和平台规范进行惩处，以营造健康良

好的行业生态。

（四）发展新内容，提升直播电商服务

除对违规内容的识别外，直播电商平台还应探寻多样化的内容服务和产品服务，如 2022 年"刘畊宏直播间"的健身直播带货、"东方甄选"直播间的知识直播带货，这些模式既丰富了直播带货的内容，也给消费者带来了健康和知识。直播电商要摆脱依靠"博出位"来"博流量"的思维，应将重心和精力放在提升直播内容的输出品质、上架产品质量上来，并围绕顾客提供长期服务、品质服务、真诚服务，这样才能实现直播间和直播电商的长期发展。

（五）倡导消费者健康理性消费

直播电商应倡导消费者健康消费、理性消费。消费者也需要养成健康合理的消费习惯，提升对直播间产品质量和宣传"话术"的自我鉴别能力。消费者要做到对低价爆款"不盲目"，对秒杀抢购"不盲从"，对售后维权"不麻木"。在内容审美方面，消费者应提升内容审美能力，自觉抵制直播间低俗、暴力、暴露、审丑等不良内容，积极举报相关违法违规内容。在生活中，消费者应寻求多样化的娱乐方式和交际方式，做到理性消费，将购物欲望控制在合理范围内。

第二节　短视频广告的问题与治理

短视频平台的发展推动了短视频广告的发展，短视频平台不仅成为广告的新载体、广告投放的新阵地，也带来新的广告内容的呈现方式、推送方式和效果评估方式。短视频广告具有碎片化、精准化、互动化的特点，但是其也因各种原因存在内容侵权、内容低俗、内容同质化、强迫浏览等问题。

一、短视频平台的发展

自 2010 年以来，中国短视频行业蓬勃发展，这些平台以其轻松、有趣、短小精悍的特点，迅速吸引了大量年轻用户。抖音、快手、哔哩哔哩等短视频平台拥有数亿的用户量。截至 2022 年 4 月，抖音月活跃用户数达

6.8 亿，快手月活跃用户数达 4 亿①。从整体看，中国互联网络信息中心（CNNIC）发布的《第 51 次中国互联网络发展状况统计报告》显示，短视频用户规模持续扩大，截至 2022 年 12 月，中国短视频用户数达 10.12 亿，首次突破十亿大关，较 2021 年增长 6 000 万，使用率高达 94.8%②。

艾媒咨询指出，中国短视频行业的发展历程分为蓄势期、转型期、爆发期和成熟期。随着短视频平台的内容供给不断增加和变现模式的深入探索，短视频的市场规模有望进一步扩大。预计 2025 年中国短视频行业市场规模会达到 10 660.8 亿元③。

二、短视频广告的定义和特点

短视频平台已经成为广告主的广告重点投放平台，尤其是以抖音、快手为代表的短视频平台，因其用户覆盖面广和广告到达率高等优势受到广告主青睐。各大短视频平台建立了 KOL 广告交易平台或广告合作平台，促进广告主与 KOL/平台间的合作。短视频广告指的是一种将广告内容用时间较短的视频来承载的广告形式④。短视频广告的时长有几秒、十几秒，也有几分钟的。在组合方式上，短视频广告有单独成篇的、成系列的，也有植入到短视频内容中的。短视频广告具有以下特点：

（一）篇幅短小，碎片化传播

短视频广告的时间较短，以碎片化的形式融入短视频平台及其他内容分发平台的信息流之中，与当代用户移动化的接受场景和碎片化的接受习惯相吻合。但是要在较短的篇幅内传递广告信息，就会对广告创作者提出更高要求，这也导致当前短视频平台的部分广告同质化严重，模仿成风。

（二）投放形式多元，精准化传播

在短视频平台投放的广告主要包括开屏广告、信息流广告、意见领袖合作广告等。短视频平台的广告投放方式多样，可灵活组合。短视频平台主要采用推荐算法机制，广告内容和形式可根据用户地理位置、兴趣、年龄等用户画像特征、浏览习惯等进行定向精准投放，因此具有精准化传播

---

① 数据来源：https://www.bilibili.com/read/cv24083717.

② CNNIC. 第 51 次中国互联网络发展状况统计报告［R/OL］.（2023-03-24）［2023-11-21］. http://www.199it.com/archives/1573087.html.

③ 艾媒咨询. 2023 年中国短视频行业市场运行状况监测报告［R/OL］.https://report.iimedia. cn/repo13-0/43328.html? acPlatCode=bdTG&acFrom=sh92294.

④ 刘满星. 短视频广告的传播困境及应对策略［J］.新闻世界. 2021（10）：26-29.

的特征，同时增强了用户黏性。从另一个角度看，精准化传播和高用户黏性也可能使用户困于"信息茧房"之中。

（三）注重用户参与，互动化传播

短视频广告在界面上设置了"关注""点赞""转发""评论"等互动按钮，这些按钮可让用户在广告位快速跳转至品牌主页或品牌消费界面，还能实现消费者与广告主的直接沟通。同时，消费者之间的互动设计能够让广告主及时了解消费者的产品使用反馈和广告内容观看反馈。用户亦可转发短视频广告，从而实现互动式、病毒式的传播效果。

（四）内容多元，植入式传播

短视频广告不仅展示产品或品牌，各大品牌还与短视频平台和自媒体账号展开内容定制合作，制作与品牌相关的短视频节目。因此，短视频广告的内容和形式得到较大扩展和延伸。例如，测评类、探店类、好物分享类短视频，以娱乐化、趣味化的内容呈现广告。当然，也能以严肃的、科普的方式展现广告信息，如知识分享和观念类短视频广告。除定制短视频外，也可在短视频内容中植入广告信息，让受众在观看短视频的同时注意并认同广告信息，将 KOL/KOC 的特征、内容特质与产品特征相关联。

三、短视频广告的问题及表现

短视频平台拥有大量的用户，成为广告主开展广告营销的重要平台，但也出现了很多问题，如内容侵权、"土味"内容失范、内容低俗、内容虚假夸大、强迫性观看等。

（一）盗用他人创意或二次剪辑他人视频/素材，侵犯原作者版权

短视频内容是自媒体时代的典型内容形式，自媒体用户可上传自制短视频到相关平台，但部分用户在上传短视频时盗用、搬运或二次剪辑原作者的短视频，涉嫌"洗稿""洗视频"，侵犯原作者版权。"洗稿"是指对其他人的原创内容进行篡改、删减，但其中最有价值的内容仍属于抄袭①。"洗视频"是"洗稿"的一种，是指用短视频的方式抄袭他人的原创内容。短视频内容侵权主要表现在以下三个方面：一是盗用原作者创意，二是二次剪辑原作者的视频或短视频素材，三是盗用原作者的视频或短视频文案、声音等。

---

① 王志锋. 向"洗稿式原创"说不 [N].人民日报，2017-06-16（5）.

1. 盗用原作者创意

盗用原作者创意包括完全盗用和部分盗用。完全盗用是指部分广告主直接照搬他人的作品创意作为自己的创意；部分盗用是指有的广告主将原作者的创意略作修改后，加入少量自己的创意、想法或观点，或把不同作者的创意糅合到自己作品中。短视频平台内容繁多、更新迅速，部分创作者求快、求新，会围绕热点话题创作短视频内容并在其中植入广告，在短视频广告"创作"中"模仿""借鉴"流行的、火爆的创意进行"微创新"。盗用原作者创意的行为不仅侵害了原作者的合法权益，打击了创作者积极性，还暴露出短视频广告从业者创意能力缺乏、法律意识淡薄、人心浮躁等问题。

2. 二次剪辑原作者的视频/短视频素材

《网络短视频内容审核标准细则（2021）》规定，短视频节目及其标题、名称、评论、弹幕、表情包等，其语言、表演、字幕、画面、音乐、音效中不得出现"未经授权自行剪切、改编电影、电视剧、网络影视剧等各类视听节目及片段的"内容。部分短视频广告制作者没有获得原视频授权，或没有合理引用视频素材，二次剪辑原作者的视频/短视频作为自己的短视频内容，甚至部分短视频广告未进行二次剪辑就直接"搬运"到账户中发布。如淘宝平台的部分短视频，有商家剪辑影视剧作品中角色所使用的产品（服装、饮料、日用品等）推销"明星同款"，有商家剪辑制作分析角色人物特点、介绍剧情场景等的所谓"二创"视频，并在视频中植入商品信息。例如，某商家在短视频内容中剪辑了《我叫赵甲第》里面赵甲第成绩优异的各种画面和情景后植入《超级记忆术》的书籍推广信息，称赵甲第之所以是个学霸是因为记忆力好。

3. 盗用原作者的视频/短视频文案、声音等

部分广告主体未盗用他人的视频素材，但盗用了原作者的文案、视频脚本、声音等素材，或照抄原作者视频结构、画面构图、剪辑手法等。2022年5月22日，"××小满广告被指抄袭"这一话题登上微博热搜榜第一名。某抖音博主（拥有300多万粉丝）称××发布的"小满篇"广告涉嫌抄袭他的视频文案。××也作出公开回应，向知名博主致歉，并全面下架相关广告视频。

除文案外，短视频广告的视频画面构图、语气语速、剪辑风格等也应引起我们的重视。很多短视频广告制作者跟风模仿，使用同一套"话术"

或模板介绍产品，仅人物和场景发生变化，造成短视频广告内容的同质化、低质化，进而引发受众审美疲劳。自2021年7月6日起，抖音开展了"同质化博流量文案"专项治理行动，通过识别音频、标题、字幕、文案、场景、拍摄等同质化内容，打击同质化内容。抖音推出的"抹除同质化粉丝"功能会将违规账号依靠生产、传播同质化内容所获取的新粉丝进行精准"抹除"。笔者认为，除对短视频内容进行治理外，还应关注短视频广告的同质化现象。因为在产品同质化时代，商家（广告主）的产品类似，产品的同质化容易与内容的同质化叠加。部分广告主体会模仿、借鉴甚至抄袭其他商家的广告宣传内容或手法，最后造成"谁火抄谁"、跟风抄袭的局面，进而阻碍广告产业、短视频平台和消费市场的良性发展。

（二）短视频广告的"土味"营销失范

"土味文化"是伴随着网络直播和短视频流行起来的一种网络亚文化，以展示乡村日常生活为主要内容，具有浓厚的乡土气息、草根精神和地方特征①。刘文帅指出，土味文化的内容形态主要包括土味视频、土味语录、土味表情包等，但"土味文化"并不等于乡土文化或民间文化，土味文化是乡土味的网络文化，不仅仅包含乡土文化②。土味文化的流行让"土味营销""土味广告"成为近年来各大品牌采用的一种营销风格。土味营销赋予品牌的广告风格以"土味"且接地气，给受众一种"新鲜感"和"猎奇感"。

广告主通过"土味营销"吸引了受众注意力，将土味文化与产品特点巧妙融合，站在消费者角度与目标消费群进行有效沟通。某茶饮品牌为推广"多肉玫瑰瓜"产品拍摄了一条土味广告在网络播出，广告片中演员表情浮夸、字体特效颇具年代感、广告词洗脑，引发网络传播并获得受众喜爱。如有网友评论"拍最土的广告，做最贵的奶茶""虽然土，但我也想喝"。而另一茶饮品牌则凭借"你爱我，我爱你，××××甜蜜蜜"的土味神曲在短视频平台、微博、店面等场景循环播出，形成了强烈的品牌记忆点。类似的还有某品牌的土味包装、土味海报，并引发了一股跟风热潮，众多品牌在彩色背景上配彩色字体，文案及配音对仗，并投放在短视频平

---

① 刘文帅."土味文化"传播研究：基于讲好乡村中国故事的视角［J］.社会科学研究.2021（6）：186-196.

② 刘文帅."土味文化"传播研究：基于讲好乡村中国故事的视角［J］.社会科学研究.2021（6）：186-196.

台、微博平台等。

土味营销具有反差大、话题性强的特点。这些品牌的广告大多"高大上",土味营销反而给受众一种反差感、新鲜感,这种反差也带来较强的话题性。但短视频广告中的土味营销也存在一些问题。

1. 土味内容的同质化

随着"复古风""神曲风""审丑风"等土味文化风格的短视频广告、海报广告流行,很多品牌方开始跟风模仿,导致短视频平台"土味"之风盛行一时。加上平台的推送机制,受众逐渐产生审美疲劳,本身具有新鲜感特点的土味营销也未能达到"吸睛"的效果。

2. 对土味营销的依赖恐伤害品牌形象

虽然土味营销在一定程度上接地气、贴近下沉市场,但土味营销并不适合所有品牌,品牌方需要根据自身品牌调性和产品特点进行策略选择或巧妙结合,同时不能过度依赖土味营销带来的流量。部分广告主一味地通过土味营销吸引受众眼球,患上"土味依赖症"。河西学院郜春霞指出,"土味营销"无法实现品牌的长期增值,反而会拉低品牌的调性和毁掉品牌的价值。土味营销作为单项的流量狂欢,在品牌增值的长期投资方面存在缺陷。一个好的营销手段应该能够形成叠加效应,因此这一红利是不长久的①。一方面,过度依赖土味营销可能让受众逐渐建立对品牌"土"的认知,不利于品牌升级;另一方面,部分广告主为了在土味营销中保持新鲜感、维持话题和流量,从"土味"滑向"低俗",严重损害品牌形象。品牌还是要提高产品的质量,开发多样化产品,增强产品和品牌的设计感。

3. "审丑狂欢""诱导贷款"等问题

"土味"风在短视频中的流行也伴随着"审丑狂欢""恶俗搞笑""狗血雷人""煽动焦虑""诱导消费""诱导贷款""诱导下载"等问题,让"土味"变味。土味文化具有浓厚的草根气质和乡土气息,在营销界的流行是因为"土味"的接地气、差异性,而这种差异性在当前同质化、精致化审美的营销界独树一帜。意大利学者翁贝托·艾柯在《丑的历史》中指出:"寻找丑真的是一件乐事,因为丑比美来得更精彩有趣。美往往令人觉得乏味,因为人人知道美是什么,丑却有无限可能。"但当"丑"的差

---

① 郜春霞."土味营销"的背后是"舍本逐末"的品牌危机[EB/OL].(2022-10-09)[2023-10-20].https://baijiahao.baidu.com/s? id=1746217605976381073&wfr=spider&for=pc.

异性演变为对丑的凝视、狂欢，演变为自我通过暴露、表演"丑"来获取关注和流量则是当下土味营销的异化。

在内容方面，部分土味短视频广告通过"恶俗搞笑"（如洗脑搞笑音）、"嘲讽他人"等方式推销产品。例如，一条推销洗涤剂的短视频广告中，媳妇将农村的婆婆送回乡下后，一脸嫌弃地看着厨房，随后拿出洗涤产品清洗污渍，以此展现产品的去污能力强、去污快的特点。但其中暗含婆媳对立、城乡对立、农村婆婆不爱干净等负面观念。一些化妆品短视频广告通过贬低未使用化妆品者，或演绎"未化妆被插足"等剧情引导用户购买化妆品。这类化妆品广告往往以真人剧情演绎为主，剧情多为"手撕绿茶""暴打小三"等，演员演技浮夸，剧情"爽感""土感"十足，但这种"未化妆/不打扮自己就会遭遇负面事件"的叙事逻辑和套路造成消费者的观念偏差，产生恶劣影响。

部分短视频还通过演绎土味剧情，诱导用户下载 App，尤其是一些小说阅读 App、购物 App 和金融类 App。在某公司的一条土味借贷短视频广告中，一位农民工打扮的男人因母亲晕机询问空姐能否开窗，这一情节暗含对农民工缺乏飞机常识的嘲讽。空姐随后向其推销升舱服务，价格高达千元。当男子因余额不足放弃升舱时，后排一位西装革履的男子随即帮他在京东金融申请了 15 万元的"备用金"，称"如果你以后急用钱，就不需要再看别人的脸色了"。北京经济技术开发区管理委员会对该公司进行了行政处罚，认为该短视频广告宣扬过度消费等不正确导向，存在严重价值观问题。诸如在短视频广告中演绎"一键就能贷款""贷款秒变高富帅""微信好友能变现""手机号就值 20 万元"等土味剧情和广告语在短视频广告中频现。

（三）短视频广告的内容虚假与夸大

短视频广告的内容虚假与夸大主要表现在以下两个方面：一是内容所宣传的产品造假。部分短视频广告下方链接的商品存在质量问题，属于假冒伪劣商品，严重影响消费者生命健康和财产安全。二是部分短视频广告为吸引用户点击，在内容中虚假宣传产品功效，或夸大产品功效、泛化产品用途，或使用夸张的表情和语言、封面首图诱导消费或博取眼球（如通过夸张的商品对比演绎、使用极限词"最低价""效果第一"等，涉嫌违反《广告法》）。此外，一些广告还通过化妆/美颜、剪辑、快进等方式处理视频内容，误导消费者，或用低价引诱消费者点击商品链接。

（四）内容低俗"擦边"问题

部分短视频广告靠低俗内容博流量，将色情"擦边"作为卖点，在短视频广告中卖弄身体、进行语言挑逗，游走在道德和法律的边缘。特别是在一些带货短视频中，商家/自媒体账号为了诱导消费者"关注""点赞"短视频，将"肌肉""美貌"等当作"粉丝福利"，传播低俗、色情内容。部分广告主患上流量焦虑症、低俗依赖症，创意枯竭，屡触法律红线。关于低俗的内容界定，相关部门需要进一步界定和解释。《广告法》虽规定广告不得"妨碍社会公共秩序或者违背社会良好风尚""含有淫秽、色情、赌博、迷信、恐怖、暴力的内容"，但在具体操作中仍具有一定的模糊性，给执行带来一定困难。政府可以通过相关案例进行以案释法，明确底线、红线，防止"擦边"内容界定不清。

（五）短视频广告的强迫性观看

短视频广告的内容以信息流方式呈现，消费者在浏览短视频时可能会被迫观看广告内容。《互联网广告管理办法》规定，除法律、行政法规禁止发布或者变相发布广告的情形外，通过知识介绍、体验分享、消费测评、附加购物链接等形式推销商品或者服务的，应显著标明"广告"。然而，短视频广告的封面、前几秒内容依旧会被"刷"到，过高的广告频率会干扰用户的使用体验，降低了短视频广告的接受度和信任度。此外，部分短视频广告虽标注了"广告/推广"标识，但广告内容与广告产品不相关，仅仅用知识科普、体验分享、产品评测等作为吸引用户浏览短视频广告的幌子，实则推销其他产品。例如，有个商家在淘宝发布的短视频内容是教大家如何用香蕉皮做花肥，卖的却是帆布购物袋。用户在不知情的情况下，被欺骗性地强迫观看了广告。此外，短视频广告（如在开屏和信息流位置）中的"摇一摇"按钮链接在用户无防备的情况下，稍不注意就进入了购买界面或直播界面，这亦是一种变相的强迫，侵犯了用户的自主选择权。

四、短视频广告问题的治理

在短视频广告内容中，存在情节耸人听闻、无脑低智、悲情营销、物化女性、贬低部分群体、传播伪科学等问题。部分短视频广告通过渲染"贫富差距""城乡差异"，以及暴力色情等内容，刻意展示低级趣味、审丑、制造焦虑、刺激欲望，以违背公序良俗的内容刺激网民情绪，制造营销话题，从而获取流量。政府应加大对短视频广告内容的治理力度，以促使平台供给更多的优质内容。

（一）提升短视频广告内容质量

1. 在内容立意方面

短视频广告的内容立意应遵守《广告法》规定，要"符合社会主义精神文明建设的要求"。商家、自媒体账号等创作、传播主体应对短视频广告具有较高的内容立意，以较高的道德要求引领消费生活，维护社会和谐；要杜绝假冒伪劣产品信息、低俗"无脑"信息充斥短视频平台。

2. 在内容创意方面

广告主体要将广告内容与广告产品、品牌特质紧密结合，让良好的创意既满足广告主的诉求、又符合受众的审美情趣，创作出具有生活气息、人文气息的短视频广告。例如，2022年流行的文旅局长的"变装"短视频就巧妙地将地方景点、地方风情、特色服装与短视频热点融合。

3. 在内容呈现方面

短视频广告应提升广告制作质量，要从文案、配音、画面、剪辑节奏、广告场景、时长等多方面进行提升。例如，同样是"变装"短视频，"垫底辣孩"则通过化妆、剪辑、场景对比转换等引领了变装短视频潮流，又推出系列旅游景区的服饰变装，具有反差性、时尚性和创意性。

（二）优化短视频广告内容推送机制

短视频平台的内容推送机制也是短视频广告内容同质化的诱因之一。一方面，短视频平台的中心化推荐机制让创作者追逐流量、迎合算法，热门话题和内容容易被跟风模仿、二次创作，增加了平台同质化内容供给；另一方面，在用户端，用户会被热点、流行内容吸引，构成其内容偏好的组成部分，短视频平台会据此更多推荐类似属性的热点内容给用户，进一步提高处于流量中心的内容、话题的热门度。因此，应多维度衡量内容的推荐机制，减少"过热"、无明显创意的话题、短视频、关键词等的推荐机会，以促进内容的多样性和创新性。

此外，短视频广告推送要打破"信息茧房"。短视频平台的推荐算法机制让短视频广告能实现精准推送，基于用户点击、浏览、搜索的大数据，平台和广告主能深入了解到用户的爱好、兴趣、消费需求，从而更好地服务消费者，但也一定程度上让消费者陷入"信息茧房"，即消费者被推送的往往都是同质化的广告内容。虽然这类广告信息对用户个体可能是个性化的，但从频次和类型上依旧是重复的、同质的，减少了消费者了解多元化广告内容的机会。从长期来看，"信息茧房"可能让消费者对短视频广告产生厌烦、抵触心理，也无法全面了解商品世界的全貌，不利于营造健康的消费生态。

（三）形成多维监管体系

1. 加强广告主的道德自律

广告主应加强自身的道德和法律自律，严格遵守相关规定，严把短视频广告的内容审核关，加强对宣传产品的质量和资质审核，提高售后服务能力。

2. 完善平台监督机制

短视频平台应加强对短视频广告的监督和审核，通过人工和技术手段对广告内容进行识别和审查，及时处理用户举报的广告内容。2019年1月1日，《网络短视频平台管理规范》和《网络短视频内容审核标准细则》发布。《网络短视频平台管理规范》规定，"网络短视频平台在内容版面设置上，应当围绕弘扬社会主义核心价值观，加强正向议题设置，加强正能量内容建设和储备""网络短视频平台实行节目内容先审后播制度。平台上播出的所有短视频均应经内容审核后方可播出，包括节目的标题、简介、弹幕、评论等内容"。

3. 完善消费者维权和举报监督体系

第一，应提高消费者的维权意识。对于短视频广告产品和商品详情页面与收货后产品之间存在差距的情况，消费者应主动维权。但现实生活中，消费者要么认为维权麻烦而放弃维权，要么仅从商家获得小额补偿。甚至部分消费者为获得所谓"好评返现"而进行虚假好评，不仅损害了自身利益，也对其他消费者产生误导。

第二，完善消费者举报监督机制。对于短视频广告内容存在低俗、虚假、审丑、谣言、侵犯他人版权、传播有害信息等嫌疑的，消费者应通过平台或相关部门进行举报，形成消费者监督、平台监督审查、相关部门调查的联动机制。当然，消费者的举报应是合理的，不能滥用举报权利。

第三，相关平台和部门降低消费者的维权成本。平台应在明显位置设置"点踩"按钮、"举报"入口，并健全相关举报处理流程和办法。《中国网络短视频版权自律公约》规定，联盟成员在短视频版权业务运营中，应该加强自律，严格遵守我国法律法规，尊重彼此知识产权，提倡正版，反对盗版。在加强维权管理方面，要完善版权投诉处理机制，及时受理权利人的通知投诉，并快速移除相关侵权作品或断开相关侵权链接。

第四，相关部门应加快用户维权的处理速度，提高举报维权投诉办法的实操性和有效性，并加大处罚力度。例如，江西省在 2022 年出台了《关于加强知识产权强省建设的行动方案（2022—2035 年）》，提出"构筑知识产权文化传播矩阵。打造传统媒体与新兴媒体融合发展的知识产权文化传播平台，拓展社交媒体、短视频、客户端等新媒体渠道。"

第三节　内容营销的问题与治理

随着内容渠道的增多和消费者信息接触习惯的变化，越来越多的企业选择内容营销的方式与消费者沟通。内容营销针对消费者需求进行内容生产和传播，提升了消费者的内容体验和购物体验。在场景营销和直播的加持下，内容场景与消费场景相互融合，内容的销售转化率大大提升。

一、内容营销概述

（一）内容营销的定义

内容营销是指以多种形式的媒体内容，通过多种渠道传递有价值、有娱乐性的产品或品牌信息，以吸引顾客参与，并在互动过程中建立和完善品牌的一种营销战略[①]。品牌的名称、故事以及与品牌相关的视觉、听觉、抽象元素等都可以成为内容营销的内容元素。内容营销通过软文、图文、音频、视频、直播、动画、H5、博客、报告、论坛等形式表现，亦包括各类媒介场景中与消费者互动产生的话题、内容、页面。

（二）内容营销的特点

从定义可以看出，内容营销有以下三大特点：第一，内容特点。广告主需要在媒体内容中向受众提供有价值、有趣味、有娱乐性的产品或品牌信息，这就要求内容的生产应从消费者需求出发。第二，传播特点。媒介内容通过多形式、多渠道传播，内容营销强调创新广告内容的表达形式，应用多样化的渠道传播内容，尤其是通过新兴媒介让受众接触到具有价值

---

① 周懿瑾，陈嘉卉. 社会化媒体时代的内容营销：概念初探与研究展望 [J]. 外国经济与管理. 2013，35（6）：61-72.

的信息，并参与到信息的生产和传播中来。第三，传播目的特点。媒介内容最终指向的是消费者参与，在与消费者的互动中建立品牌认知，并和企业一起完善品牌，倾向于长期的内容互动。

（三）内容营销的趋势

在 2021 年第六届中国内容营销高峰论坛上，《2020—2021 中国内容营销趋势》白皮书①发布。中国内容营销呈现出八大趋势：一是内容营销底线思维进一步强化，内容营销注重遵守相关法律法规、大政方针和公序良俗，特别注重 IP 选择和尊重个人隐私。二是私域营销内容生产的流程化、系统化，以内容为核心连接各个触点，最终形成良好、可持续的私域生态。三是营销视频时间变长，内容生产更加专业化。四是直播与 VR 成为私域入口，让用户更有参与感、沉浸感。五是土味营销结合渠道下沉融入生活，逐渐演化为一种符号、风格或元素，融入新的业态和行业、产品和服务。六是国潮营销向科技、时尚领域的拓展，成为具有分享传播能力的概念和符号。七是社会化营销用社交货币制造裂变，内容成为社交货币。八是新能源汽车营销从漏斗式营销向涟漪式营销转变；在以用户为中心的车联网运营时代，汽车企业为品牌圈定具有鲜明属性的消费者细分人群。

（四）内容营销的类型与风险

内容营销主要包括六种类型，我们可以从时间维度和内容类型维度进行区分。按照时间维度划分，内容营销包括热点性内容营销、即时性内容营销、时效性内容营销和持续性内容营销；按照内容类型划分，内容营销可分为方案性内容营销和实战性内容营销，强调内容的价值性和获得感。

1. 热点性内容营销

热点性内容指广告主体围绕"热点"创作的广告内容。"热点"是某段时间搜索量迅速增加且人气关注度持续升高的内容。热点性内容在短时间内能够获得广泛关注，是大众关心的话题、事件或人物。围绕"热点"创作的内容能够起到"借势"的传播效果，也能帮助受众解答热点问题，分析热点事件。但热点性内容面临"蹭热点"失范的风险，如"热点"内容敏感、"热点"内容与企业不相关、"热点"相关的内容创作不当以及过度"蹭热点"等。

---

① 中国商务广告协会内容营销委员会. 中国内容营销趋势白皮书正式发布 [J]. 国际公关.
2021（11）：167–168.

2. 即时性内容营销

即时性内容指广告主体发布的内容充分展现了当下发生的事情，强调时间上的"即时""立刻"。如品牌自媒体账号运营者在路上拍的朝霞，鼓励账号粉丝"迎接崭新的一天"。即时性内容因为缺少把关，易造成即时性内容失当，如虚假、谣言。部分企业的自媒体账号运营者用企业账号对敏感事件展开评论、传播谣言、发表不当言论等，未能区分公共账号和私人账号的边界。此外，即时性评论和回复也存在"考虑不周""情绪失控"的风险，如部分企业老板、员工在直播间与网友争论，会损害企业形象。

3. 时效性内容营销

时效性内容指广告主体发布的在特定时间段内具有高价值的内容，比如奥运赞助商在奥运会期间发布的比赛信息；自媒体在购物节期间发布的促销信息和省钱攻略等。其风险在于广告主体所发布的内容可能不具有及时性、真实性和价值性。

4. 持续性内容营销

持续性内容不太受时效限制，是广告主体持续生产的内容。这类内容通过长期的内容陪伴、互动和教育影响消费者的品牌认知，强调内容的持续性和互动沟通，在内容平台和社交平台为消费者提供内容、意见支持。

5. 方案性内容营销

方案性内容指广告主体针对消费者具体问题而提供解决方案或提升策略。消费者能够从中获得方案性指导、理论策略、文化知识等。方案性内容能够根据目标消费者的特点和需求定制个性化内容，引发用户的认知共鸣和情感共鸣，并鼓励消费者参与到内容的共创和传播中。但方案性内容会面临以下风险：一是责任风险，方案性内容具有个体的适用性，需要在内容中作好相关说明和声明；二是"伪知识"风险，部分营销号或商家自媒体可能传播虚假知识、错误认识，误导消费者；三是引用风险，在引用外部信息或数据时，应做好标注或在文后、视频结尾处提供注释，防止内容侵权带来的法律风险。

6. 实战性内容营销

实战性内容指通过不断实战而积累的经验，多集中在护肤、母婴、健身等领域，受众能从实战性内容中获得知识经验和技能指导。实战性内容应防止绝对化表述，以免产生误导。此外，因实战性内容多集中在生活方式消费领域，是各类品牌广告植入的重要内容类型，品牌主应管理好相关植入风险。

二、内容营销的问题及表现

内容营销的关键是通过有价值的内容为受众提供解决方案，但在内容营销的实践过程中，部分企业和自媒体为让自己的内容获得高关注度而走偏，营销内容失当，不仅没有给消费者带来价值，反而侵害了消费者权益，违背内容营销的初衷。下面就几个常见现象予以分析。

（一）过度贩卖焦虑的内容造成社会的普遍紧张情绪

现代社会的工作节奏加快，人们处在变动的社会中，具有焦虑情绪是正常的。但内容市场的过度的焦虑信息供给，让人们时刻处在焦虑情绪中，让社会陷入普遍的焦虑情绪中。部分媒体和商家发现焦虑性内容能够获得极大的关注度、话题度，并能在焦虑性内容的讨论中实现快速"变现"。焦虑性内容能够激起受众的紧张、焦虑情绪，使受众希望快速找到解决方案。部分商家打着"为顾客服务"的旗号在内容中植入商品或服务，为消费者提供解决方案，从而兜售商品。诚然，部分商家的商品和服务的确能部分解决消费者面临的难题，但过度的"贩卖焦虑"会造成消费者和社会的普遍紧张情绪。

1. 焦虑内容的类型

焦虑是人们对现实和未来可能出现不确定性或恶化趋势的正常情感反映。合理范围的焦虑情绪能让人们未雨绸缪，做好抵抗未来风险的心理准备、能力准备。但过度的焦虑情绪则有可能让人们陷入过度紧张、无力感、非理性等情绪中。在企业纷纷发力私域营销、内容营销的当下，部分企业在自媒体平台贩卖焦虑性内容，以期获得受众点击和关注，并在其中推销产品和服务。焦虑性内容主要包括年龄焦虑、身材焦虑、容貌焦虑、教育焦虑、就业焦虑、职场竞争焦虑、能力焦虑、身份焦虑、知识焦虑、学历焦虑、婚恋焦虑、金钱（投资）焦虑、健康（医疗）焦虑、养老焦虑、住房焦虑等。网络空间充斥着大量、多类型的焦虑内容，而更为严重的是，部分企业自媒体在制造焦虑内容后，要么无法提供解决方案，通过煽动焦虑情绪提高内容点击率，要么所提供的解决方案具有消费主义色彩，不是所有人都有经济实力通过他们所提供的方案缓解焦虑，反而增加了社会的普遍焦虑感和无力感。

2. 焦虑内容制造"虚假需要"

新媒体中的部分焦虑内容存在过度夸张、过度渲染的现象，这些往往是部分媒体和商家为兜售商品而刻意制造的。这些焦虑内容的背后是制造"虚假需要",即让消费者在阅读焦虑内容中产生不必要的需求。但这种需求是虚假的、被动的、由商家强加的。正如马尔库塞所说,虚假需要让人感到痛苦、迷茫、被奴役。人们处在焦虑中而不自知,却又极力想摆脱焦虑状态。

焦虑性内容常使受众陷入焦虑情绪。一是通过将目标对象与目标对象的理想形象作对比,制造受众的"欠缺感""不足感"来推销商品或服务;二是通过制造恐惧,放大受众在环境中的竞争压力、生存危机、未来风险等,从而诱导受众为缓解恐惧而消费;三是通过制造"损失厌恶"心理,让受众为了免于损失或失去拥有的地位、身份、身材等而消费。损失厌恶是指人们面对同样数量的收益和损失时,认为损失更加令他们难以忍受。当焦虑内容激起受众的"欠缺感""恐惧感""损失感"时,部分消费者会选择通过消费商品和服务来缓解。其实有些焦虑是不必要的,消费者往往身处焦虑所制造的虚假需要中而浑然不知。

3. 焦虑内容让消费者跌入"消费陷阱"

这种"浑然不知"有时让消费者很容易掉入不良商家制造的"消费陷阱",从而被"割韭菜"。"贩卖焦虑"本质上是一种情绪极端化的行为。从传播角度看,这些做法都有一个清晰链条:极端案例一般化、复杂因果片面化、现实问题扩大化,瞄准大多数人情绪点,大肆造势[①]。部分消费者因非理性情绪而轻信内容中所提供的"解决方案"而掉入不良商家的"消费陷阱",包括购买假冒伪劣产品、可能"跑路"的健身房产品、无效的医疗用品/保健品、高昂的教育培训产品/医美产品/知识付费产品等,甚至部分消费者因缺乏支付能力和辨别能力而陷入"套路贷"。

(二)"蹭热点"内容对公共领域和私人生活的侵犯

热点话题、热点新闻、热点信息因其自带关注度,能在短时间迅速引起公众关注并快速传播。部分自媒体和商家为了"蹭热点""蹭流量"而发布不实信息,侵犯热点事件当事人的隐私。"蹭热点"可以说是一种借势营销,在内容营销中能借助热点事件起到"四两拨千斤"的传播效果。如果在热点事件中,企业能提供解决方案,提供理性的、有价值的观点,表明企业的立场,弘扬社会正能量,那么企业就能在热点事件中树立良好的形象。

---

① 人民日报. 彩礼贷,墓地贷,7 万硕士送外卖?"贩卖焦虑"是病,得治[EB/OL].(2021-03-23)[2023-01-25].https://weibo.com/ttarticle/p/show? id=2309354617862949240854.

但有的企业/自媒体在热点事件中，不顾热点事件、人物与品牌的相关性，甚至为了"蹭热点"而伤害消费者情感；有的企业为了"蹭热点"罔顾事实，发表失当言论，甚至参与制作或传播不实信息；有的企业账号在娱乐明星等热点话题中，把企业自媒体当作个人自媒体（无论是故意或非故意），造成消费者对品牌的认知产生混乱。从整体的层面看，企业和自媒体"蹭热点"失当，会对个体、企业和社会造成不良影响。

1. "蹭热点"内容挤压公共领域的理性讨论空间

部分企业自媒体、个人自媒体账号、营销号等为博取关注，在热点事件中罔顾事实而发布不实信息，煽动极端情绪或制造网络对立。一定时段内，关于某一事件或人物的内容产出过多，一是挤压了公共领域内其他内容和话题被关注、讨论的空间，如热搜榜常被某一事件和事件相关词条"霸屏"；二是针对某一热点事件或人物的讨论，很多自媒体缺乏事实依据，只为流量而煽动情绪，阻碍网络空间中对事件的理性讨论，甚至误导受众作出错误决定或非理性决定。

2. "蹭热点"内容侵犯个体隐私

在热点事件中，部分网红潜入事件现场，干扰相关调查机构的正常调查工作。部分账号恶意散布事件当事人隐私信息，部分直播账号未经允许进入事件当事人的生活空间进行拍摄、直播，侵犯当事人的私人生活空间、隐私权、肖像权等。

3. 部分"蹭热点"内容有违商业道德

有些账号在热点事件中缺乏基本的人伦底线和商业道德，在事件讨论中发表不当言论，损害企业形象。如有的账号在悲剧事件中调侃死者，煽动仇富情绪；有的账号在负面事件中落井下石，涉嫌违背商业道德。

（三）伪科普内容诱导和误导消费

部分内容营销打着"知识科普"的旗号进行广告内容传播，但这里需要区分知识和伪知识。一些广告主的内容营销普及了产品使用知识、身体锻炼和保养知识、科技文化等知识，并在知识传播中恰当地推荐产品，如"东方甄选"在短视频中讲解与产品相关的诗歌或教授英语单词和短句。但部分广告主的"知识传播"实则传播的是"伪知识""伪概念""伪科学""伪技能"，甚至是"无脑内容"。他们打着"科普""技能"的旗号吸引用户点击，并诱导和误导用户消费。这不仅是一种虚假宣传，还可能对轻信"伪科学"的消费者造成恶劣的社会影响。对与消费者生命健康相关的内容，政府应加强管理，防止"伪知识""伪科普"对消费者金钱和身体造成伤害。《互联网广告管理办法》第八条规定："禁止以介绍健康、养生知识等形式，变相发布医疗、药品、医疗器械、保健食品、特殊医学用途配方食品广告。介绍健康、养生知识的，不得在同一页面或者同时出现相关医疗、药品、医疗器械、保健食品、特殊医学用途配方食品的商品经营者或者服务提供者地址、联系方式、购物链接等内容。"

（四）定制/植入广告造成广告信息和普通信息的混淆

对于进行内容营销的广告，广告的内容化会使广告信息与普通信息相互混淆，这种混淆容易造成消费者的误解和误导，并侵犯消费者的知情权和选择权。吕铠、钱广贵认为，"广告传播作为功利性的说服传播，首先需要清晰地让用户和目标诉求对象知道广告，这是用户的广告知情权"[1]。内容化广告隐匿于信息流中，降低了受众对广告的警惕性，"这类广告的隐性传播侵犯了用户的知情权与选择权，提高了广告误导的可能性。[2]"

内容营销造成的广告信息和普通信息混淆，目前主要体现在以下三方面：一是品牌定制新闻/赞助商新闻。如果没有"广告"相关标识或其他方式提醒，消费者会将品牌广告误解为新闻。二是定制视频、节目、栏目，或植入广告。定制内容围绕消费者需求、社会发展、知识传播而展开，在内容中"丝滑"植入产品、服务、品牌信息，广告内容与其他信息混淆而未被用户察觉（从植入广告角度，此类广告的广告效果好，但需要明确的是此类内容应在显著位置告知用户内容受到广告赞助）。三是广告信息融入信息流中，如果未标注"广告"，或广告标题伪装成新闻标题，或信息流中广告类信息过多，广告信息容易与其他信息混淆，造成消费者"误触"而干扰阅读体验，并使消费者产生广告厌烦、排斥心理。

三、内容营销问题的治理

（一）区分广告与新闻

内容营销通过将广告内容化、内容广告化，使得广告信息巧妙地隐匿在内容之中。在新闻类等需要传播者秉持客观、中立的内容中，内容营销

---

① 吕铠，钱广贵. 广告内容化的传播伦理困境与协同治理 [J]. 当代传播. 2022 (1)：100-102，112.

② 吕铠，钱广贵. 广告内容化的传播伦理困境与协同治理 [J]. 当代传播. 2022 (1)：100-102，112.

遭遇困境。在形式上，广告的内容以新闻的形式呈现，如品牌新闻广告，其标题、内容、写作和版式设计风格等与新闻类似；在内容上，广告信息杂糅于新闻信息中，让受众不知不觉加深认识或改变认知。部分以新闻形式呈现的广告并未标注"广告""推广""赞助""免责声明"等标识，导致受众误将其视为新闻，从而侵犯了受众的知情权。虽然内容营销淡化了广告对受众的"干扰"，减少了"反感"情绪的产生，但有必要对广告和新闻进行严格区分。从新闻生产者角度来看，不区分广告和新闻，有可能导致广告商绑架新闻内容生产的趋势，削弱新闻的社会监督功能；从受众角度来看，广告和新闻的混淆可能会导致受众产生认知偏差，如果广告内容失实失当，将威胁受众对新闻和新闻媒体的信任；从广告商角度来看，媒体如果未能发挥其社会监督和"地位授予"功能，制假的企业没有被曝光和批判，而具有社会责任感的企业没有得到广泛报道，那么将使得行业失去长久发展的活力。同时，《互联网广告管理办法》第九条也规定："互联网广告应当具有可识别性，能够使消费者辨明其为广告。对于竞价排名的商品或者服务，广告发布者应当显著标明'广告'，与自然搜索结果明显区分。除法律、行政法规禁止发布或者变相发布广告的情形外，通过知识介绍、体验分享、消费测评等形式推销商品或者服务，并附加购物链接等购买方式的，广告发布者应当显著标明'广告'。"

（二）加强内容审核

各媒体平台和自媒体账号应加强内容审核，在进行内容创作和账号运营的过程中，担负起自身的社会责任，提高内容的制作水准。同时，相关平台应加强对内容的把关和审核。首先，应强调内容营销的内容底线，比如必须安全可信、文明高雅、诚实诚信；应制定相关内容公约，加强平台内各内容账号的自我约束和平台约束；应严格遵守《广告法》和《互联网广告管理办法》的相关规定，确保消费者的知情权。《广告法》第十四条明确规定："广告应当具有可识别性，能够使消费者辨明其为广告。大众传播媒介不得以新闻报道形式变相发布广告。通过大众传播媒介发布的广告应当显著标明'广告'，与其他非广告信息相区别，不得使消费者产生误解。"其次，坚持内容营销的"价值性"特点，让受众在阅读内容中实现广告商和消费者的互惠互利。再次，需要在内容审核中注意内容营销的"隐匿性"和消费者自主选择权的平衡，审核是否对消费者造成误导、诱导和强迫，侵害受众自主选择权；完善用户举报机制，及时处理用户对内容的举报投诉，下架和惩处相关广告主和账号。最后，从整体的内容推送上，注意非广告内容和广告内容间的版面平衡，防止在信息流中的过度推送广告，以及新闻和广告的边界混淆。

（三）个体增强信息辨别能力

除了要求相关平台明显标识"广告"标识外，个体也应加强信息辨别能力。如果对某商品或品牌有购买意愿，就应该从多方面搜集信息和知识，特别是要参考权威媒体、专业机构的意见，提升自身的信息辨别能力和独立思考能力。此外，个体还应加强自我信息保护能力，避免个人隐私被泄露。

第四章　自媒体广告问题的表现及原因

　　自媒体具有平民化、低门槛、强互动、速度快、个性化等特点。自媒体平台类型丰富，是广告主传播广告信息、开展广告活动的重要平台。本章主要分析企业自媒体广告、KOL/KOC 自媒体广告的问题及表现以及自媒体用户在广告参与中的失范表现，研究自媒体广告的发展状况，自媒体广告受企业重视的原因，不同类型自媒体广告的特点、问题、产生问题的原因和治理建议等。

第一节　作为广告渠道的自媒体

　　随着互联网的发展，各类自媒体平台相继出现。自媒体平台已成为广告投放的重要渠道。企业既在自媒体平台自建账号进行广告传播和活动执行，也在自媒体平台投放广告（如开屏广告、信息流广告），与自媒体平台的达人开展广告合作。

一、自媒体与自媒体广告

（一）自媒体的概念

　　2003 年，专栏作家丹·吉尔默在《哥伦比亚新闻评论》上发表《下一代的新闻业：自媒体来临》；2004 年，其出版《我们即媒体》一书，指出"自媒体是受众能自由发布信息，随时随地发表自己的观点、想法的平台，它为受众提供交流互动的方便，充分考虑到网络时代下用户的主体性，受众对其接受度极高"，同时他还预言自媒体将来会成为主流媒介①。在谢恩·波曼和克里斯·威理斯发布的 *We Media：How Audiences are Shap-*

---

　　① DAN GILLMOR. We the media [M]. Sebastopol：O'Reilly Media, Inc. 2004.

ingthe Future of News and Information 的研究报告序言中，戴尔·佩斯金（序言作者）认为："自媒体是普通大众经由数字科技强化、与全球知识体系相连之后，一种开始理解普通大众如何提供与分享他们本身的事实、他们本身的新闻的途径。[①]"在 2009 年中国互联网信息中心发布的《社会大事件与网络媒体影响力研究报告》中，自媒体被定义为"私人化、平民化、自主化的传播者，以现代化、电子化的手段，如邮件、手机、博客等，向不特定的大多数或特定个体传递信息的新媒体"。自媒体具有以下几个特点：

（1）平民化。自媒体被称为"草根媒体"，每个人都可拥有自己的自媒体，都可通过自媒体传播自己的见闻、观点，参与媒体平台的讨论。

（2）低门槛。相较于传统媒体的高成本、高组织性，自媒体的技术门槛低，在平台注册后即可随时发布图文、音视频信息。同时简易的剪辑软件等工具也帮助自媒体用户做出质量较高的视频内容。

（3）强互动。第一，自媒体平台为鼓励用户发布内容，提供相关技术支持（如音效、贴纸、模板、剪辑工具等）和内容支持（如内容挑战、话题参与等），自媒体用户和平台间能够形成良好互动和内容共创氛围。第二，自媒体用户间的互动性较强。因为互动能随时随地进行，因此粉丝和博主间（粉丝关系）、博主和博主间（合作关系）、粉丝和粉丝间（社群关系）形成了较好的互动关系。

（4）速度快。自媒体平台的信息传播速度快，信息在自媒体的转发中能快速实现裂变传播，热点信息能被迅速推上"热搜"或"刷屏"，引发全民关注。

（5）个性化。自媒体是以"我"为中心的媒体，个人在各平台的自媒体账号上传播的个性化内容具有强烈的个人风格。

（6）信息良莠不齐。一是信息发布和传播的低门槛和个性化，导致自媒体平台信息鱼龙混杂，真假难辨。二是信息发布的匿名性。部分用户发布信息肆无忌惮，使得一些低俗、虚假、炒作、哗众取宠的内容未得到有效遏制。三是优质内容的制作需要付出大量时间、金钱和精力。技术门槛虽随着技术发展而降低，但内容创作面临的竞争变得愈发激烈。

---

① SHAYNE BOWMAN, CHRIS WILLIS. We Media：how audiences are shaping the future of news and information ［R］. The American Press Institute，2003.

（二）自媒体广告的概念

自媒体广告，顾名思义是在自媒体平台上投放的广告。孙丽燕认为，"自媒体广告是指依托自媒体平台，以文字、图片、视频等表现载体和形式，传播和发布有关品牌、商品或服务等有关信息，从而进行销售、服务、关系维护、市场开拓。通俗地说，所谓自媒体广告就是借助自媒体发布的广告，有别于传统媒体发布的广告。[①]"自媒体广告投放的平台包括博客、微博、微信、抖音、哔哩哔哩、快手、小红书、知乎、贴吧等。自媒体广告形式主要包括三类：一是企业在自媒体平台投放开屏广告、信息流广告，二是企业自建自媒体账号，三是与 KOL 进行广告合作。在 KOL 的自媒体投放广告能够直接触达垂直用户，实现精准沟通。

（三）自媒体广告的特点

自媒体具有平民化、即时性和多主体等特征。在自媒体平台发布和传播的广告自然带有自媒体的特性，并延伸出自媒体广告的信息特点和可能产生的问题或风险。

1. 参与性

自媒体的用户是"产销合一者"，他们既是信息的发布者也是信息的消费者、参与者。同时，技术和设备的可及性也让内容参与更广泛、更高效。企业自媒体发布者能够对信息设置标签和标注话题，吸引对标签和话题感兴趣的用户参与到内容共创和分享中。尤其是在知乎、微博、小红书等内容社区，用户的参与性更强。自媒体广告具有的强参与性特征，让审核广告信息、监测舆论营销难度加大，需要平台随时关注和提前准备相关预案等。

2. 互动性

自媒体广告的互动性主要表现在以下三方面：一是广告对象的针对性互动。在一定程度上，自媒体广告能够实现定向发布和传播，让用户注意到感兴趣的商品或服务广告，并与广告内容和传播主体实现互动。二是自媒体平台提供互动技术支持，如触屏互动、话题推送、热搜等。三是内容互动，如点赞、评论、直播连线、私信、达人共创等。自媒体广告信息的互动性以"中心化""圈子化"为特征。"中心化"表现为广告信息以企业和达人为主要中心节点进行传播，信息传播"中心化"要求信息具有权威性、真实性，

---

① 孙丽燕. 社会网络理论视角下的自媒体广告传播研究［J］. 新媒体研究，2019，5（22）：13.

如果用户对中心节点传播者缺乏信任，广告信息将陷入混乱、无序，并向企业难以预料的方向扩散。"圈子化"表现为对广告内容关注的圈层化，通过共同的消费需求、信息需求而集结为消费者社群，让广告主的广告对象更明确但也可能使得消费者社群陷入"信息茧房"，尤其是部分关注"流量明星"代言的粉丝社群，其"饭圈化"的弊端就会显现。

3. 主体多元

自媒体内容的创作门槛相对较低，且其创作平台的主体多元。自媒体广告信息的传播主体包括企业账号、各平台自媒体账号、意见领袖（KOL/KOC）账号、消费者个人自媒体账号等。其中，意见领袖账号的职业化使得广告与信息内容融合得越来越好。部分自媒体账号在发布和传播广告内容时缺乏审核机制，广告内容的风险增大，如虚假信息、敏感信息、意见领袖/受众参与性评论的言论失当等。

4. 类型多样

自媒体的类型多样，既有基于强社交关系的微信，也有基于弱社交关系的微博；既有以短视频为主的抖音、快手，也有以音频为主的喜马拉雅等；既有以问答为特色的知乎，也有聚焦生活方式的小红书。它们从图文到音频，再到短视频、中视频和直播，为广告主提供了多类型的平台选择、多样化的内容表现、多元化的营销方式。因此，按不同自媒体平台的广告表现形式划分，自媒体广告可以分为参与式/互动式广告、信息流广告、赞助广告、短视频广告、直播带货式广告等。而按性质划分，自媒体广告可分为直接式广告和间接式广告。直接式广告即硬性广告，直接对商品和服务进行宣传；间接式广告即软文广告，将广告信息融入自媒体内容中。自媒体广告的参与主体多元、类型多样且自媒体信息发布更为迅速，使得自媒体广告的风险控制难度加大。企业和广告公司需要随时关注投放平台和账号，监测广告内容和营销活动在自媒体平台的传播状况。

5. 方式隐蔽

相对于传统广告，自媒体广告的传播方式更加隐蔽，表现形式也更加多样。它可以是隐藏在一篇自媒体文章中的图片、视频，也可以是文章中的软文内容；它可以是嵌入阅读界面的信息流广告，也可以是自媒体账号内容中的植入广告。而这种广告隐蔽性特点带来广告接受的强迫性，使得受众一是对广告选择的自主性有所降低，二是在不知不觉中易受到广告潜移默化的影响。

二、自媒体广告的发展

(一) 自媒体的发展

2016 年，腾讯研究院、腾讯新闻、腾讯区域业务部联合发布了《芒种过后是秋收——中国自媒体商业化报告》，报告将中国自媒体的发展分为了四个阶段。

1. 博客之火：史前期（2000—2010 年）

这个阶段的主要平台是博客，主要特征是一批准专业作者在博客上发表原创性内容，内容多以科技、文化、社会评论为主，但通常是作者在业余时间创作内容，商业化现象尚不普遍。

2. 社交引力：萌芽期（2011—2013 年）

这个阶段的代表平台是微博、微信等社交媒体，特征是自媒体逐渐成为信息传播的一种重要途径。社交媒体一定程度上弥补了博客的社交短板，形成用户和自媒体博主间的粉丝关系，以及粉丝社群关系。

3. 蜂群起舞：起飞期（2014—2015 年）

这个阶段的代表平台主要是社交媒体和新闻客户端（如今日头条），主要特征是微信、微博、新闻门户主动扶持（如微博为自媒体作者提供广告分成），引导自媒体发展。成熟的自媒体依靠流量盈利。其间，自媒体能否变现成为衡量其成功与否的一项重要标准。

4. 拥抱平台：繁荣期（2016 年至今）

这个阶段的代表平台是社交媒体、新闻客户端、视频平台、直播平台，主要特征是自媒体开始机构化、联盟化运作，资本开始批量投资自媒体，产业化特征日益突出。《2018 年自媒体行业白皮书》指出，我国自媒体平台主要包括资讯平台（综合资讯门户、垂直资讯门户）、社交平台（社交网络）、视频平台（综合视频、短视频、视频直播）、音频平台（音乐平台、电台）和电商平台。

(二) 企业对私域流量的重视

在经济增速放缓、企业降本增效、互联网营销成本越来越高的背景下，企业越来越重视私域流量。艾瑞咨询认为，私域流量可被定义为沉淀在品牌或个人渠道的、可随时及反复触达的、能实现一对一精准运营的用户流量①。而私域流量营销指通过引流用户到私域、满足用户需求、运营用户关系以实现产品或服务交付,并与品牌收益增厚的组织功能或手段②。企业通过自媒体账号开展私域流量运营,一是有助于节约成本,特别是减少获客成本,稳定客群;二是有助于开展线上经营,为企业开辟新的渠道、客源和营销方式;三是有助于在自媒体中进行客户精细化管理。

（三）KOL 和 KOC 的兴起

意见领袖即 KOL（key opinion leader）。企业通过与有影响力的 KOL 合作推广企业产品和服务。KOL 具有鲜明的个人特点、相对垂直的粉丝基础/覆盖面广的粉丝群,垂直类 KOL 能够帮助企业与目标消费者沟通,而具有强大粉丝基础的 KOL 则能迅速提升品牌知名度。因此,在自媒体时代,KOL 在品牌与消费者之间架起了一座沟通的桥梁。2018 年 12 月,AdMaster 联合 TopMarketing 发布的《2019 年中国数字营销趋势》中,KOL、短视频/直播和官方微信公众号运营将作为广告主 2019 年重点运营平台。选择三者的广告主比例均超过了 50%,其中 KOL 推广最受重视。这表明广告主极为看重 KOL 以小博大的品牌曝光与强带货能力③。

而在中国广告协会社会化营销及电商直播工作委员会联合发布的《2023KOL 营销白皮书》中,KOL 依然是社会化营销的重点。企业更加重视 KOL 的产品"种草"能力、品牌传播能力、带货转化能力④。可见,KOL 营销已经成为品牌营销的关键。

关键意见消费者即 KOC（key opinion consumer）。KOC 的影响力相比于 KOL 较小,但其发布的内容主要是亲身体验,也就是让受众感觉更加真实、亲近,从而更能影响垂直的消费者。在头部 KOL 的广告报价普遍上涨（2023 年有所下降）和企业降本增效的情况下,企业也开始注意到 KOC 的营销价值,一是他们更具有性价比优势;二是大面积的 KOC 投放能够起到的"声量"优势,与 KOL 的品牌"快速引爆"起到相互配合作用;三是

① 艾瑞咨询. 2021 年中国私域流量营销洞察研究报告［R/OL］.（2021-09-18）［2023-10-28］. https://report.iresearch.cn/report/202109/3848. shtml.

② 艾瑞咨询. 2021 年中国私域流量营销洞察研究报告［R/OL］.（2021-9-18）［2023-10-28］. https://report.iresearch.cn/report/202109/3848. shtml.

③ 文鸿飞. AdMaster 发布 2019 中国数字营销趋势:79%的广告主将增加数字营销预算［EB/OL］.（2018-12-10）［2023-10-28］.http://news.bandao.cn/a/156402. html.

④ 中国广告协会. 2023KOL 营销白皮书［R/OL］.（2023-02-01）［2023-10-28］.https://www. vzkoo.com/read/2023020191d9fef95af5570716f655a0. html.

KOC 以消费者身份进行真实体验分享更具有信任感，与普通消费者联系也更加紧密，更能在品牌的消费者社群或私域流量中起到意见领袖作用。

三、自媒体广告的发展趋势

（一）内容更加专业化

随着自媒体平台对达人的扶持，以及投资者对自媒体的投入，自媒体从业者将更加专业化、职业化、机构化。这种趋势带来的是自媒体内容营销的专业化和覆盖范围的扩大。

（二）内容更加垂直化

随着内容的专业化和自媒体账号间的相互竞争，自媒体的内容生产将更加垂直化，自媒体的账号定位也会越来越明确。在某个垂直领域进行内容深耕，将更深度地影响垂类消费者，尤其是在母婴、美妆、健身、旅游等需要专业人士指导或达人推荐的消费领域。这种自媒体内容的垂直化与专业化相辅相成，将使得专业的、原创的自媒体获得广告主和投资者的青睐。

（三）向 KOC 等下沉渠道扩散

随着头部 KOL 的广告刊例价上涨，企业在自媒体/社会化媒体营销中将更加重视中尾部 KOL 和 KOC 等下沉渠道，即通过下沉渠道渗透到更广的消费群中。在面临自媒体内容的"公信力"和"信任感"难题面前，企业更加重视通过 KOC 的真实分享来建立信任，通过企业自媒体的信息传播和社群运营来建立信任。同时相关平台也重视自身的信任化认知重建（如小红书）。

（四）自媒体参与到产业链中

自媒体将不仅作为内容生产者、广告合作者，还将作为产业参与者、产业整合者参与到产业中，起到打通和连接产业上下游的作用。如健身博主通过健身内容打通健身器材、健身食品、健身 App/健身房、健身培训、健身相关电商等上下产业链，从而实现广告变现。

（五）内容营销的普遍化

《中国内容营销十年趋势报告》指出，技术的不断迭代，让整个营销产业链发生巨大的变化。广告、公关、内容的边界日益模糊，内容营销也因此迎来了爆炸式增长，并成为企业争夺流量的一把利器。越来越多的企业通过企业自媒体、新闻聚合平台、KOL 和 KOC 类自媒体展开内容营销，不仅利用内容营销引导消费市场，提升内容的趣味性、专业性，也希望通过内容营销提升销售转化率，将内容场景作为社交、娱乐、消费融合的场景，提升品牌形象。

第二节　企业自媒体广告问题的表现及原因

自媒体平台的发展为企业的广告营销提供了便利，在传统媒体广告效果式微、广告信息碎片化接受、新媒体平台广告刊例价上涨的背景下，众多企业深耕自媒体，重视私域流量和内容营销，以企业自媒体为平台展开广告传播和用户运营。企业除了重视 KOL 营销外，也非常重视企业自媒体运营。在 2023 年的社会化营销重点调查中，有 54% 的广告主重视官方社交媒体账号运营，有 48% 的广告主重视社交电商，有 47% 的企业重视品牌直播和社群运营/私域流量。

一、企业自媒体的主要类型

苟骅认为，企业自媒体是指企业用来发布或转发与自身相关的资讯信息，加强企业与粉丝、客户之间的互动联系，以扩大品牌影响力和营销购买力的自有传播载体，包括但不限于企业官网、博客、微博、微信公众号等互联网应用[①]。企业自媒体主要包括以下五种类型：

一是官方自媒体，包括在各类电商渠道的官旗舰店、店铺短视频、店铺直播间。尤其是淘宝和天猫平台，企业和品牌不仅重视店铺的运营、维护、用户转化，而且在淘宝平台发布短视频和开展品牌"自播"，发展品牌旗下的主播和账号。2021 年，淘宝便将"内容化"作为重大战略向内容电商转型。在淘宝的内容化过程中，商家和品牌的内容产出是淘宝平台的重要内容构成部分，其内容产出也让内容场景、社交场景、消费场景趋于融合。

二是微信平台的公众账号、小程序、视频号、微信号、微信群等。企业在微信建立公众号，在公众号中发布信息、举办营销活动，使得相关信息和活动能借助微信平台实现裂变性传播。当用户订阅公众账号后，企业

---

① 苟骅. 企业自媒体：正在发生的未来 [J]. 中国记者，2015 (2)：47-48.

能针对用户实现精准化传播，而用户的朋友圈分享和活动参与，可以实现广告活动的高效、精准互动。随着短视频的流行，微信平台开始嵌入视频号。基于微信庞大的用户群，企业和品牌在视频号中的用户浏览量较高。同时，企业微信号、员工个人微信号能与用户形成一对一的微信好友关系；微信群运营的方式稳定了企业的私域流量，有助于更好服务用户。

三是短视频平台账号。在抖音、快手、B站等短视频平台，企业建立自媒体账号，发布短视频，并进行直播，借助平台优势与平台内达人（或称 KOL、网红等）展开合作，在平台营销服务和 MCN 机构的推动下，实现双方/多方内容共创和开展营销活动。

四是微博平台的官方账号。微博的用户基数大、平台开放、互动方式多样，其是重大事件和热点事件的重要场域。企业在微博平台进行内容（文字、视频、直播等）发布，事件营销，话题营销，粉丝互动，账号间联动等。

五是小红书等内容社区，尤其是小红书作为生活方式类的内容社区，受到很多面向消费者品牌的青睐。在小红书平台建立官方账号并与平台内账号进行联合"种草"成为企业的常规做法。官方账号的知识指导、平台内 KOL 和 KOC 的内容分享为用户提供了"消费指南"，使得自媒体广告内容接受效果较好。小红书的短视频化、电商化也促进内容与消费的进一步融合，让"种草"到"拔草"的链路更短、更"丝滑"。

此外，知乎、官网、自主研发的 App、电子邮件等也是企业重要的自媒体运营工具，是展现自身形象、传播企业产品和品牌、进行消费者互动等的重要广告传播阵地。

二、企业自媒体广告问题的主要表现

企业在自媒体中发布广告信息、进行广告互动和社群运营，一是有助于企业增强用户黏性，让消费群体更加稳定；二是有助于通过自媒体与消费者建立一对一、一对多的沟通渠道，使沟通方式更加灵活、沟通渠道更加顺畅；三是有助于体现企业形象，通过建立企业自媒体或呆萌、或专业、或亲切的人设，让企业品牌更加鲜明，与消费者更亲近。但企业自媒体广告也出现了很多问题，除了在前述章节谈到的广告虚假内容、低俗内容、"伪科普/知识"、"蹭热度"、隐私侵犯、内容侵权等普遍问题外，这里就企业自媒体广告内容涉及的问题进行分析。

（一）内容失序

企业自媒体广告的内容失序主要表现在以下几个方面：第一，广告信息对用户的过度干扰。部分企业对自媒体内容缺乏规划，内容中硬性广告信息推送频率过高，影响用户的使用体验。第二，自媒体账号间的内容失序。通常，企业会建立自媒体矩阵进行信息传播，但部分企业的自媒体内容规划失序，如未注意不同自媒体平台的用户差异和阅读偏好、对关键营销信息的宣传口径不一致、自媒体内容与合作平台/合作方的内容不一致等。第三，内容竞争导致的虚假和侵权问题。在注意力竞争时代，部分企业自媒体通过"标题党"、夸张的首页图、虚假夸大信息等吸引用户点击；部分企业自媒体原创内容少，抄袭他人账号内容而不注明转载及出处，更有甚者为吸引点击而故意歪曲、捏造事实，散布谣言，误导用户。

（二）运营维护失信

通常情况下，用户对企业自媒体的关注、订阅源于对企业、品牌或意见领袖、地推人员等的信任，并相信企业自媒体的内容能为用户带来价值。但某些企业自媒体的运营和维护却破坏用户信任，有损企业诚信。运营维护失信主要表现在以下几个方面：第一，获客方式。企业自媒体为获得新用户，通过不合规的游戏（如虚假抽奖）、低俗内容、强迫用户关注账号（线上和线下，如关注账号才能继续浏览，部分地推人员在街上"强推"账号）、虚假承诺（如关注有礼、转发有奖，但实际没有）等骗取用户。第二，用户维护。企业自媒体在获得用户后，不持续更新内容、运营自媒体，辜负了用户的信任。而某些不良商家对吸引来的用户"割韭菜"，大大违背了企业诚信。第三，虚报自媒体相关数据。部分企业自媒体的运营人员，迫于上级领导、部门的考核压力或经营压力，向上级、广告主、用户等虚报自媒体数据，或制造虚假数据（如"买粉""刷单"），包括粉丝数、浏览量、点赞量、评论量/好评率、交易额等。第四，用户的隐私信息泄露。企业自媒体会采集用户的部分隐私信息，但部分企业自媒体未做好用户的数据保护，有意或无意地泄露用户数据。部分 App 将用户隐私信息倒卖给第三方。2017 年上海社会科学院互联网研究中心发布《大数据安全风险与对策研究报告》，评选出了 2013 年以来国内外发生的十大典型数据安全案例。该报告显示，相当一部分数据安全事件发生在企业或社会组织，泄漏量动辄过亿条①。从整体角度看，企业自媒体的内容失序、运营维护失信最终会影响用户对企业、企业自媒体以及自媒体平台的信任，降低企业自媒体的广告传播效果。

（三）宣传失真

企业自媒体的宣传失真主要是指其广告和内容营销具有虚假性，主要表现在以下三个方面：第一，图片、视频的"失真"，如过度美颜和使用滤镜、过度修图、图片或视频张冠李戴；第二，内容表述"失真"，如公众号"标题党"的夸大性表述、直播间主播的夸张性表演、自媒体账号的虚假内容或内容张冠李戴等；第三，互动内容"失真"，如互动数据作假、虚假好评等。

（四）言行失当

随着企业自媒体的发展，企业自媒体也开始参与到公共领域中，很多企业自媒体在自媒体平台传播公共资讯，对公共议题发表意见，身体力行地参与公共事件。尤其是在一些热点事件中，企业自媒体对相关议题发表意见能表明其立场和价值观，在一些突发灾害事件、公益活动中的参与能体现企业的社会责任感。如在2021年"7·20河南暴雨"中，鸿星尔克积极捐款捐物，赢得消费者的大力支持。鸿星尔克主播及其董事长在直播间的表现也获得消费者认可、点赞，掀起一股"野性消费"。但有的企业却拿灾害营销炒作，发表不当言论等。

此外，还有部分企业自媒体对英雄人物、政治事件等发表不当言论，部分企业自媒体为营销自身产品号召粉丝"购买支持"或恶意挑起粉丝对立，一些自媒体运营人员故意或非故意地将企业隐私信息或"八卦"信息转发到非工作群/公共平台等。还有一些企业自媒体在与消费者互动中"交流失当"，如一些店铺主播和店铺客服过于情绪化，与消费者"对骂"等，严重影响了企业形象。

三、企业自媒体广告问题产生的原因

（一）部分企业盲目追求点击率

部分企业为追求内容的"吸睛"度、话题度和点击率，不惜炮制错误的、耸人听闻的内容，严重影响了大众的道德观、价值观和消费观。

---

① 张衢. 大数据安全风险与对策研究报告 [J]. 信息安全与通信保密，2017 (9)：102-107.

（二）部分企业运营缺乏专业性

部分企业的内容运营缺乏专业性，从内容策划到用户运营缺乏合理的规划，相关从业人员专业素质缺乏，或在内容发布中过度追求"热点"，为"蹭热点"无所不用其极，导致一些违背社会公序良俗和行业道义的行为发生。

（三）自媒体广告的隐蔽性

自媒体广告存在一定的隐蔽性，一方面部分企业利用自媒体广告的隐蔽性发布虚假信息，误导消费者；另一方面，部分消费者出于信任而未能有效识别相关违法违规主体，使得自媒体广告的责任主体被隐藏。

（四）自媒体平台缺乏投诉机制

一些自媒体平台缺乏畅通的投诉渠道或机制，消费者在自媒体平台接触到虚假广告或虚假店铺，但投诉流程繁琐、反馈缓慢，一些账号突然"消失"，但并没有受到相关惩处，导致虚假信息"卷土重来"。

第三节　KOL/KOC 自媒体广告问题的表现及原因

一、KOL 和 KOC 的内涵

1. KOL

KOL 即关键意见领袖，是那些在群体中具有较大影响力的人，在自媒体中是具有较强粉丝基础（覆盖面强或垂直领域影响力强）的自媒体（个人或机构）。明星、网红、达人博主、主播、专家等都属于 KOL。

2. KOC

KOC 的英文全称为 key opinion consumer，即关键意见消费者，一般指能影响朋友、粉丝产生消费行为的消费者。从广义而言，KOC 其实就是产品的每一位用户或消费者①。KOC 是在某个垂直领域具有较大影响力的消费者，其粉丝量相对于 KOL 要少，但更加专业、亲近，以普通消费者身份分享亲身消费体验。

---

① 段淳林. KOC：私域流量时代的营销新风口 [J]. 中国广告. 2019（11）：115-116.

二、KOL 的类型和广告作用

从粉丝基础看，KOL 可以分为头部 KOL、腰部 KOL 和尾部 KOL，不同行业不同平台对三类 KOL 的粉丝数量要求亦不同。

（一）头部 KOL

头部 KOL 的粉丝基数大，影响力大，内容的关注度、讨论度高，品牌号召力强，因此广告传播通过头部 KOL 能实现话题引爆的作用，但广告投放成本高。

（二）腰部 KOL

腰部 KOL 在某个垂直领域具有较强影响力，集中在细分领域进行内容深耕，具有专业性。依靠内容的专业性和讲解的趣味性/生动性，其粉丝的忠诚度高，腰部 KOL 能够深度触达垂类消费者，进行深度销售转化，广告投放的性价比较高。

（三）尾部 KOL

尾部 KOL 的粉丝数量相对较少，但在某个小圈层内具有话语权，粉丝对其信任度高。广告投放性价比高，可以依靠大范围投放形成大量曝光、大量转发和热烈讨论、潮流消费的社交媒体氛围。

三、KOC 正逐渐被平台和广告主重视

近年来，KOC 在各平台的占比持续扩大。《2023KOL 营销白皮书》显示，微博 KOC 占比 79%、微信 KOC 占比 44%、小红书 KOC 占比 81%、抖音 KOC 占比 69%、快手 KOC 占比 71%、B 站 KOC 占比 75%[①]。

随着各大平台的内容和流量竞争加剧，各大平台也加大了对腰、尾部 KOL 和 KOC 的扶持力度。《2023 年中国 KOL 营销趋势洞察报告》显示，巨量星图推出"繁星计划"，2022 年流量更加偏向于基于兴趣进而推荐中腰部主播。抖音以 KOC 与更多品牌建立联系。小红书推出"千粉商业变现项目"，降低 KOC 准出门槛，鼓励 KOC 创作和合规变现；哔哩哔哩推出"bilibili 宝藏 UP 主星推计划"，针对近期成长快、粉丝互动好、创作力多

---

① 秒针系统，中国广告协会. 2023KOL 营销白皮书 [R/OL]. (2023-02-01) [2023-10-28]. https://www.vzkoo.com/read/2023020191d9fef95af5570716f655a0.html.

元的 UP 主快速匹配品牌不同营销场景的视频合作需求①。此外，哔哩哔哩还有"KOC+起飞推广模式"，将 KOC 内容与哔哩哔哩商业相结合，用公域流量推广商业视频，通过标签人群实现精准投放。效果取决于视频创意、人群定向和竞价投放，"KOC+起飞推广模式"的价格和内容更亲民、审核相对比较宽松、效用周期更长②。快手有"小麦计划"，旨在通过内容与激励一体化，联动各方完成"平台+达人+品牌"的营销模式创新，助力品牌实现效益增长。

2022—2023 年，很多平台推出众测任务，为 KOC 的营销开发了新的场景。KOC 的流量虽然少，但报价也低，对广告主来说性价比更高。当企业在科学评估各类 KOC 自媒体后进行大范围的投放，能够通过 KOC 的大面积铺设快速实现裂变传播并提高话题热度。同时，从广告效果方面看，KOC 以消费者身份分享真实消费体验，内容的可信度较高。KOC 自媒体账号背后对应着具有明晰用户画像的消费者（更垂直），企业可以通过 KOC 与他们沟通。同时，KOC 本身具有较强的内容生产能力和社交沟通能力，与消费者间的互动性更强，能在日常的内容传播和社交互动中增强品牌认知。内容信任和社交强化带来的是较高的转化率，能够使企业达成营销目标。

四、KOL/KOC 自媒体广告问题的主要表现

（一）KOL/KOC 自媒体广告内容生产的盲目性

KOL/KOC 自媒体作为广告市场的传播主体，其内容生产受到自身媒介定位、广告投放和宏观经济环境的影响和制约，部分 KOL/KOC 自媒体为追求经济效益和传播效率在内容生产中存在盲目性。盲目性主要表现在以下三个方面：第一，内容定位的盲目性。部分 KOL/KOC 自媒体的内容生产未能明确自身的媒介和内容定位，自媒体平台中什么内容火就跟风制作什么内容，甚至部分 KOL/KOC 自媒体为博取流量而生产不道德的内容。第二，广告投放的盲目性。部分广告主在与 KOL/KOC 进行内容共创时，衡量指标单一，仅以点击量、粉丝量等作为衡量标准，导致广告内容生硬

---

① 微播易. 2023 年中国 KOL 营销趋势洞察报告［R/OL］.（2023-03-08）［2023-10-28］. https://www.vzkoo.com/document/2023030804c2d9da5833472baeb76e80.html.

② 哔哩哔哩. B 站商业起飞_ B 站 KOC 视频商单+商业起飞投放模式介绍［EB/OL］.（2022-08-10）［2023-10-28］. https://www.bilibili.com/read/cv18019841/.

突兀。第三，广告合作的盲目性。部分 KOL/KOC 自媒体为增加自媒体营业收入，对广告合作方"来者不拒"，对合作的广告主缺乏审查，使得广告内容与自身频道内容调性不符，甚至传播低俗内容和非法内容。

（二）KOL/KOC 自媒体广告内容生产的虚假性

信任是意见领袖自媒体广告传播的基石。消费者选择信任 KOL 的主要原因是 KOL 为消费者提供了有关品牌使用的"真实声音"和第三方的可信度验证。但部分意见领袖在传播广告时不顾信息的真实性，通过失真的滤镜、虚假的测评等误导消费者。这主要表现在以下四个方面：

1. 失真的滤镜

部分意见领袖的自媒体广告为让广告对象美观、吸引人点击购买，在图片上添加滤镜、贴纸插件等。合理范围内的美化在一定程度上能够起到放大产品优点的作用。但过度的滤镜、修图以致图片失真，则有违信息的真实性，造成消费误导。

2. 局部的放大

部分意见领袖的自媒体广告图片、影像主要展现局部，是以偏概全误导消费者。一方面，局部图片虽然易体现细节，但全部图片都展现细节则让受众看不到全貌，对广告对象缺乏全面了解；另一方面，局部图片能体现风格，如"ins"风格大多是局部图，部分网红博主上传的民宿酒店、咖啡店也常是局部图，但通常图片上精致的酒店摆件、精心的下午茶摆盘与实际场景所呈现的风格大相径庭。

3. 缺点的"缩小"

除了在图片拍摄时、产品介绍时放大优点细节，拍摄时对缺点进行"缩小"或隐藏也容易让消费者产生误导。如一些景区视频是通过航拍展示的，将一些具有瑕疵的细节"缩小"、隐藏。

4. 意见领袖广告的虚假宣传/虚假"种草"

消费者常通过小红书、抖音、大众点评等电商评价平台参考其他消费者的消费体验，但部分意见领袖会虚构消费体验来误导消费者。"代写代发"产业链上下游通常涉及三个主体，包括品牌或承接品牌方需求的第三方中介机构、第三方接单中介平台、有偿招募的素人。品牌或中介机构在"红通告""微媒通告""番茄通告"等中介平台发布招募需求，招募素人 KOC 在小红书、抖音、微博、大众点评上生产内容，报酬包括实体商品、服务或项目置换、现金等。"红通告""微媒通告""番茄通告"等中介平台以 QQ 群、微信群、微信公众号、微信小程序等形式存在，并利用这些形式和渠道招募素人"代写"。意见领袖所发布的广告信息有的是意见领袖亲身体验后的消费体验（尽管试用时间不长），有的是品牌方直接提供的图文，由意见领袖在其各自媒体平台进行发布。品牌方对意见领袖的类型、粉丝数、物料投放时间、浏览数据、图文保持时间等也会做出要求。据《科创板日报》报道，博主在小红书上的笔记的内容、文案需要涵盖哪些内容，图片要什么样，都是机构事先准备好的，大多要求 7 天内不能删。

（三）KOL/KOC 自媒体作为意见领袖的干扰性

在自媒体时代，自媒体作为意见领袖在自媒体赋权下具有较强的话语权，会对消费者的商品选择产生重要影响，但在某种程度上也造成一定干扰，特别是发布虚假信息的意见领袖广告。

1. 消费性意见领袖在意见市场的干扰

意见领袖中的"消费意见领袖"占比越来越高，他们是生活方式的倡导者。如果他们的消费意见不正确、不客观、不公正则会对整体的消费意见市场形成干扰，但部分意见领袖总是声明"仅代表个人意见"进行"免责"。

2. 高密度意见领袖广告投放的干扰

高密度意见领袖广告投放的干扰是指企业在一定时间内高密度投放 KOL 广告所形成的意见干扰。我们常能在某个时间段频繁看到一些品牌在各大博主账号投放广告。有的受众因此能产生正向的购买意愿，而有的受众则会产生厌烦心理。同时，如果 KOL/KOC 频繁、过度地干扰受众选择，受众的自主选择权会受到影响。如果 KOL/KOC 传递的是错误信息，则会对消费者认知和价值观造成负面影响。

3. 精准意见领袖广告投放的干扰

广告在大数据支持下精准定向投放意见领袖广告，广告主的信息投放和营销活动可以以目标消费者的浏览痕迹、用户画像、消费需求、内容偏好等为要素选择一批合适的意见领袖投放广告，覆盖其关注的美妆、旅游、健身、美食等各频道意见领袖博主。因此，KOL 广告的精准性对消费者的消费倾向有一定干扰性，他们愿意相信意见领袖所提供的信息，并对意见领袖的信息"偏听""偏信"。

4. "伪装公正"的意见领袖广告干扰

一些意见领袖广告以测评、消费分享等形式出现，具有信息的专业、客观、公正特点，但部分测评、探店、分享视频则并非客观、公正，而是伪装为"真实测评""真心推荐"，甚至伪装为新闻，消费者误以为其内容是"专业、公正、客观"的而更换消费选择。一些意见领袖广告通过"标题党""争议性话题"来吸引受众点击，干扰受众正常的信息接收环境。

5. 意见领袖广告所形成的价格干扰

KOL 广告、消费者的跟风消费让"网红店"的产品和服务价格虚高，一方面干扰了正常价格区间，另一方面干扰了同类产品和服务的价格。而在实际消费生活中，部分消费者"慕名"前往"网红店/景区"消费，付出了较高的价格，却发现货不对板、质价不符，这一现象被网友戏称为"踩雷""踩坑"。有消费者因众多博主推荐而入住爆红的某酒店。该酒店主打"气泡酒店"特色，可以看海看星空，但实际消费体验中，该酒店的所谓"气泡"和"塑料大棚没啥区别，夏天太阳直射"（网友点评）。

6. 意见领袖广告的受众价值观干扰

相较于大众传媒时代的意见领袖，自媒体时代的意见领袖更具亲近性，和粉丝之间的黏性更强，是由粉丝自主选择的，其与粉丝在微博、抖音、微信、小红书等自媒体平台形成关注与被关注关系。对于意见领袖更新的内容，粉丝能第一时间看到且"追更"。因此，意见领袖的生活方式、价值观念在日常生活和内容传播中会对受众产生潜移默化的影响。但部分意见领袖为提升自身账号的涨粉速度、网络流量和商业价值，通过另类的行为方式、无下限的语言、偏离社会主义核心价值观的言论吸引眼球，包括在网络上传播负能量发泄不满、释放消极情绪博取同情、发表攻击言论扰乱网络舆论等。意见领袖的恶言恶行对受众，尤其是青少年的正确价值观形成干扰，从某种程度上起到了不良的示范效应。部分人群试图模仿"网红"而成为"网红"。据调查，有超过50%的大学生认为网红是低门槛、走捷径的职业。这种认知误导的原因是当前部分意见领袖的非专业性和"靠搏出位即可成名发财"的观念而影响的。

7. 意见领袖宣传对公共场所、私人场所和私人的干扰

比如，网红奶茶的排队干扰了公共场所的正常秩序，部分排队的人实则是品牌雇人排队来营造客多店火的假象。一些小店并不希望被过多的网友光顾而干扰正常的经营，而有的"景点"（事实上并不是景点）因为没有相关配套设施和安全防护措施具有安全隐患。2022 年 8 月，龙漕沟被小红书、抖音的博主推荐而走红，但该地点并非官方旅游景点，且设有相关

告示"禁止进入"。但部分博主却发布了所谓"攻略",声称"由于山里天气不稳定,龙漕沟被当地禁止进入,只有翻山越河才可以"。这一误导性信息吸引了大量游客到达该地打卡游玩,最终龙漕沟突发山洪灾害导致游客受到伤害。相关博主和平台并未进行有效的风险提示,而事后相关平台仅删除博文、关闭账号。

（四）KOL/KOC自媒体在算法社会的劳动剥削性

自媒体平台的发展给KOL和KOC等类型的意见领袖创造了话语平台和工作机会,但我们也应注意到意见领袖自媒体在流量社会、算法社会所面临的劳动剥削问题。正如吕鹏在其论文《作为数据的劳动:网络主播的数字劳动及其治理研究》中所言:"在平台上生存的数字劳动者有着数字劳动的自主性,但也面临着剥削并不断被异化,由此而主动和被动生成的各种乱象,以及那些被合理化了的支配关系,体现了数字平台的商业属性与其被期待具有的公共性之间的张力,凸显了国家进行数字劳动治理的必要性。"

第一,劳动身份的认定问题。在现实中,KOL/KOC自媒体,尤其是网络主播,面临用工关系认定的问题。由于网络主播在用工关系、计酬方式、合同形式等方面具有灵活性、差异性,网络直播用工关系中的不合理剥削问题需要通过完善相关法律法规的方式来解决。

第二,劳动时间、时长的"剥削"。部分自媒体博主为"追热点"而加班熬夜拍摄、制作视频,因为热门内容的"数据"更受欢迎。受到MCN机构、广告主、平台等诸多主体要求的影响,部分网络主播的直播时长过长,有的主播需要在深夜进行直播带货,而一些MCN机构利用老人开展"悲情营销",老人们深夜直播会影响他们的身体健康。

第三,分成比例上的"剥削"。王卫兵指出,在网红和投资者之间看似公平合理的商业交易背后,往往暗含着隐秘的资本盘剥和劳动压榨。因为网红相较于投资方、MCN机构在话语权上处于弱势地位。资本方借网红不懂资本运作和市场经营,在公司股权和利润分成上搞暗箱操作,肆意侵占网红正当利益[①]。

第四,情绪劳动的剥削。为了产生更好的互动数据,如点赞、转发、收藏、评论、打赏、实时弹幕互动等,部分主播在网络进行情绪劳动,甚

---

① 王卫兵."流量至上"宰制下网红经济的伦理反思与引导路径 [J].理论导刊.2022 (10):75-80.

至身体表演。

第五，由于算法社会的数据竞争，部分主播迫于数据压力和 MCN 机构的业绩压力而铤而走险，被动选择进行低俗直播、热点炒作。因此，意见领袖自媒体和意见领袖自媒体广告所出现的问题不仅是意见领袖自媒体的问题，其所在平台、公司、技术乃至社会等因素也会影响自媒体出现这样的问题。

五、KOL/KOC 自媒体广告问题产生的原因

（一）自媒体：低门槛，部分发布者素质低下

在媒介赋权下，"人人都有麦克风"，自媒体平台为大众提供了内容发布的平台，并提供了便利的内容辅助工具，如滤镜、标签、贴纸等，降低了用户的 UGC 门槛。在具体内容方面，平台也通过话题、热搜等引导用户进行内容生产。但在这一过程中，部分内容参与者素质低下，在自媒体匿名性的保护下任意发布内容。部分内容发布者将内容"吸睛"视为自我"成功""成名"的捷径，视为换取流量变现的"法宝"。因此，在自媒体内容发布的低门槛前提下，部分发布者对自我言行、自我道德的约束力不够使得自媒体平台的内容良莠不齐，特别是在广告信息发布中，出现信息虚假、言论失当、内容低俗、广告合作不符法律法规要求等现象。

（二）自媒体平台：内容的审核和广告流量模式

第一，自媒体平台依靠自媒体创作者的内容创作来丰富平台内容，如抖音、小红书等内容平台主要依靠素人、达人的内容社区，但内容审核力度不足。特别是在平台成长前期，相关平台的内容审核要求还未建立，导致平台中的自媒体账号"群魔乱舞"。第二，由于当前的流量模式，内容的点击量、粉丝数量、互动量等数据与账号的商业价值直接相关，部分自媒体内容创作者（KOL/KOC）为"流量"无所不用其极，用"流量"换取账号的二次售卖价值。第三，自媒体平台意见领袖的电商变现模式。由于意见领袖的变现模式单一，加上自媒体平台的电商化、电商平台的内容化发展，其大幅加大平台在美食、美妆、穿搭、旅游、母婴等生活方式类博主/账号的扶持力度，KOL 纷纷开始"带货"。但部分意见领袖及其 MCN 公司缺乏选品能力、供应链管理能力和品控能力等，导致 KOL 营销干扰正常的市场秩序。

（三）广告主投放：投放下移

第一，自媒体平台是新消费品牌和新消费群体的聚集地。新消费品牌

倾向于在自媒体平台与消费者沟通，通过意见领袖与消费者产生连接，而自媒体平台是 KOL/KOC 和年轻消费群体的聚集地。阿里研究院的报告显示，在购买新锐国货品牌的消费者中，超过半数是"95 后"，且消费黏性相对较高。这些新消费群体相信意见领袖的消费指导，广告主加大了 KOL/KOC 的广告投放力度，对腰、尾部的意见领袖投放比重显著上升。第二，随着抖音、快手的电商业务拓展，以及小红书等的社区内容扩张（覆盖美妆、健身、美食、旅行、母婴、家居家装等多个生活方式领域）与购物外链，广告主加大了自媒体平台的广告投放力度。第三，在具体的投放上，腰、尾部 KOL、KOC、素人的性价比优势凸显，通过大面积的 KOC 投放能起到较大的"声量"效果。但广告投放的下沉也会带来一定风险。这些风险把控不到位导致品牌合作"翻车"、广告内容市场的信息质量低下等。

（四）监管：相关部门和平台监管不足

一是平台监管、审核不力，对相关账号的内容审核不严，或放任其发布不良信息。在审核方式上，相关审核标准未建立或标准不严，处罚不到位，使得自媒体账号违法违规的成本不高。二是相关部门对自媒体尤其是意见领袖和 MCN 机构的监管不足。自媒体平台类型和账号繁杂，发布的内容多，给监管带来一定难度。相关部门应转变监管方式，与平台、协会、行业等展开联合监管治理，加大处罚力度等。

第三节　自媒体用户在广告参与中的失范表现及原因

随着移动互联网和自媒体平台的发展，技术改变了传媒生态，也改变了广告的传播和接受环境、接受模式。在自媒体时代，用户能够通过自己的自媒体账号参与到广告活动中来，具有主动性、参与性的特点。但用户在广告传播参与中也出现了一些问题，导致广告传播效果不佳、造成消费者误解、引发相关负面舆情等。

一、自媒体时代的广告商对受众参与的重视

在自媒体时代，受众参与到广告活动中已经成为广告传播活动的重要一环，也是评价广告传播效果的重要维度。因此，无论是在具体的广告传

播、广告评估的实务方面，还是相关广告传播理论、观念方面，广告商越来越重视受众的参与，尤其是作为自媒体用户的受众，他们在广告调研、消费者需求信息反馈、广告信息扩散、广告活动参与等方面发挥着重要作用。

（一）自媒体时代的广告受众特点

移动智能设备和自媒体平台的发展为广告的互动性提供了技术支持和平台支持，广告受众能借助自己的自媒体账号对广告信息发表意见、参与广告活动。自媒体时代的广告受众，一是具有主动性，他们主动接受广告信息，主动地进行商品信息的搜索，通过自己的自媒体账号对品牌发布的广告信息进行评价和建议。二是参与性，当品牌在相关自媒体平台发布信息活动时，他们会参与到广告传播活动、互动活动中来，如相关话题讨论、投票等。三是分享性，当对相关信息和活动具有高认同度时，他们会积极地在自己的自媒体账号中分享，实现广告的扩散传播。四是分散性，从整体的媒介生态看，由于媒介的碎片化，受众相对传统媒体时代是分散的、分众的。五是聚集性，分散性带来的是中小范围的聚集性，易形成品牌的消费者集群，他们是品牌的忠实消费者、信息分享者和活动参与者。

（二）自媒体时代将受众纳入广告传播过程

广告营销人员在进行广告策划时越来越把受众参与加入到广告传播中，把传统的"硬广"转化为互动式、参与式广告，将单一的、被动的受众转化为主动的、参与的受众，和广告"玩"在一起。

1. 消费者行为分析模型（AISAS 模型）

AISAS[①] 模型是由日本电通公司针对互联网与无线应用时代消费者生活形态的变化，提出的一种全新的消费者行为分析模型。电通公司认为当代营销方式从传统的 AIDMA[②] 营销法则向含有网络特质的 AISAS 营销法则发展。在这一模型中，我们能够看到作为自媒体用户的受众会通过自己的自媒体平台对商品进行评价、向好友进行分享的重要价值。

2. UGC 模式

受众不仅是内容的浏览者，也是内容的创造者。因此自媒体时代的广

① 其中，A 即 attention，注意；I 即 interest，兴趣；S 即 search，搜索；A 即 action，行动，S 即 share，分享。

② 其中，A 即 attention，注意；I 即 interest，兴趣；D 即 desire，欲望；M 即 memory，记忆；A 即 action，行动。

告重视品牌和用户的内容共创。UGC（user generated content）即用户生成内容，也叫 UCC（user-created content）用户创造内容。从广告角度来看，用户可以在自己的自媒体平台上传和分享品牌产品的使用感受、发布产品图片、分享体验视频等，也能转发、评价品牌自媒体发布的广告信息，在品牌相关话题页面参与内容共创。

3. STEPPS 模型

STEPPS 模型来自畅销书《疯传：让你的产品、思想、行为像病毒一样入侵》，该书详细阐述了病毒式传播是如何形成的，总结了病毒式传播的六个特点，包括社交货币（social currency）、诱因（triggers）、情绪（e-motions）、公共性（publicity）、实用价值（practicalvalue）、故事（story）。其中，诱因、实用价值、故事是企业能给消费者提供的，社交货币、情绪和公共性则是消费者自我感知到的。人们会在自媒体中主动传播他们认为很值的（具有实用价值）、很吸引人的（故事）、在社交中体现自我的（社交货币）、具有共鸣的（如共同的情感、情绪等）东西，以及那些大家都在疯传的信息（从众）。广告传播活动则要策划出能够让受众主动传播、主动参与共创的内容。

（三）自媒体用户参与对广告的作用

1. 扩大广告传播范围

自媒体平台的弱关系与强关系并存，且以弱关系为主。弱关系是指和联系不频繁的人的关系。自媒体平台能够迅速扩大信息的传播范围。同时，在半封闭的自媒体中，强关系则增强了广告信息的真实性、可信任性。当用户看到朋友分享的广告信息，信任度会显著提升。

2. 提高传播声量

越来越多的用户进行信息分享、广告活动参与，能够提高广告的传播声量。

3. 提升互动效果

在定位技术、移动技术、VR 技术、自媒体平台内容创作辅助工具、互动组件和页面设计等支持下，自媒体用户参与在广告中的互动体验越来越好，提升了广告体验。

4. 提升信息参考价值

自媒体用户在自媒体平台（如小红书、大众点评、淘宝评价、豆瓣等）的评价、分享是其他用户对产品和品牌的重要参考。

5. 促进销售转化

随着自媒体平台的内容化、电商化，自媒体用户的信息浏览、活动参与和销售转化之间的链路大大缩短，用户的参与丰富了内容场景（如短视频里的点赞、直播间里的互动），促进了内容场景与消费场景融合，使得消费者的信息行为更易直接转变为购买行为。

二、自媒体用户在广告参与中的失范表现

与传统广告相比，互联网广告的最大特色之一就是受众参与。受众参与促进了广告模式和广告理论的发展，但作为自媒体用户的受众在参与广告活动中也存在一些问题，主要表现在以下几个方面：

（一）虚假好评、恶意差评和删除差评

我们在网络购物时会参考其他消费者的评价，参考的平台包括大众点评、豆瓣、淘宝、小红书等，但部分消费者受商家或中介的利益诱惑等原因进行虚假好评或恶意差评，扰乱正常的评价系统，影响消费者的判断。

1. 虚假好评

部分消费者为获得商家的所谓"好评返现"优惠券，即使商品质量有问题也进行好评；部分 KOC 为获得收益，在未试用产品（或使用了并不好）的情况下发布所谓"真实体验"的分享内容，这些内容要么是品牌方提供的体验，要么是自己虚构的体验。

2. 恶意差评

一是同行的恶意差评，竞争者通过在相关点评网站、购物网站给差评而拉低竞争者的"分值"和"好评率"。二是部分消费为获得商家退款、减价，或仅仅是因心情不好等原因而对本没有质量问题、服务问题的商品和服务进行差评。三是部分消费者以差评威胁商家、快递员、外卖员等。2023 年 7 月一条"不摘就给差评"的短视频在网上引发热议，短视频中的消费者要求外卖员摘下面罩，并称"赶紧给我看你的头""我要看一下帅不帅""不摘就给差评"。受平台评价规则、考评机制等影响，"差评权利"成为部分消费者干扰、侵犯其他主体正当权利的"利器"。

3. 删除差评

一是消费者方面。消费者在自媒体平台给出了差评或进行负面体验分享，在商家联系其给出补偿方案后便删除差评。二是平台方面。如很多购物平台不再设置"好评""中评""差评"，以关键词、标签呈现评价。一

些平台之所以取消"好、中、差"的评价方式，也是因为部分消费者的评价并不真实①。"删除差评"的最终结果是让"差评"消失，或仅存几条差评来显示评价的所谓客观性，"删除差评"的行为影响了评价的公正性、客观性，误导了消费者，也违反了《中华人民共和国电子商务法》（以下简称《电子商务法》）。

（二）刷单与虚假购买

部分消费者为获得"兼职"收入在"刷单公司"组织下进行虚假购买、虚假好评，"刷单"行为属违法行为，扰乱了市场秩序，并导致消费者误解，因为消费者更倾向于购买销量高、好评率高的产品。据《新闻晨报》报道，某奶茶店雇人排队充场，营造消费者众多的场景。该记者实地体验证实，这些群演排队充场的奶茶店，是其人民广场店。与想象中不同，这家奶茶店"排队充场"最终"收割"的目标人群可能不是消费者，而是加盟者②。此外，一些粉丝群体为支持偶像广告代言进行"打榜"而产生虚假购买和虚假评论，这些行为也干扰了正常的市场秩序。

（三）非理性言论或行为

《乌合之众：大众心理研究》一书指出，一个人融入某个群体后，其所有个性都会被这个群体所淹没，其个人思想立刻会被群体的思想所取代，进而出现低智情绪化、无异议等特征。在一些与品牌、品牌代言人相关的公共事件、舆情事件中（经常发生在代言人舆情事件、观念广告舆情事件中），部分受众认知狭隘、情绪极端，在互联网上发表恶意言论，"人肉""网暴""中伤"他人。一些受众甚至罔顾法律和事实，为维护广告代言人"正面形象"而发表虚假信息，或通过诽谤、侮辱他人来"转移焦点"。

（四）严肃话题娱乐化

在一些广告代言人舆情事件、食品安全问题的公共事件中，部分网友只顾"吃瓜"而忽略相关主体违背法律和道德的事实，他们参与网络讨论，不断"玩图""造梗"，让本应该重点讨论的严肃议题被娱乐化，失去了正视问题、商讨解决办法的网络讨论空间。2022年5月，郑州市市场监督管理局对529家某奶茶品牌门店开展"地毯式"监督检查，该品牌被曝

---

① 冯海宁."差评消失"提示消费者评价亟待规范[EB/OL].（2021-07-21）[2023-10-29]. http://views.ce.cn/view/ent/202107/21/t20210721_36735669. shtml.

② 张益维，姚沁艺. 暗访实拍：茶芝兰奶茶店雇人排队充场，五个领队同时拉人、建群[EB/OL].（2020-12-14）[2023-11-01].https://baijiahao.baidu.com/s? id=1686023582898935138.

出存在篡改开封食材日期标签、违规使用隔夜冰淇淋奶浆等诸多食品安全问题。但网络受众在微博中"造梗"娱乐，如"给我们一人一个冰淇淋我就原谅你"等言论模糊了议题焦点。

（五）不注意自我和他人隐私信息保护

部分受众在参与广告活动中不注意自我和他人的隐私信息保护，包括定位、头像、社交关系等信息等。尤其在一些需要上传个人图片的互动广告、砍价、扫二维码获取奖品等促销活动中，受众应注意广告和促销活动的规范性，审查广告主体和活动平台的资质，保护自己和他人的隐私信息。

三、自媒体用户在广告参与中行为失范的原因

作为自媒体用户的受众在参与广告传播活动中的失范原因主要包括：第一，理性欠缺。在品牌相关的公共事件、舆情事件中，其由于年龄小、认知偏差等原因，容易受到网络言论煽动。第二，法律意识淡薄。部分受众不知道自己的行为侵犯了他人的隐私权、名誉权等。第三，道德水平不高。部分受众道德水平不高，自律性差，随意制作和传播违背社会道德要求的内容。自媒体的非中心化对主流价值观的传播形成冲击，人们的是非善恶观念淡漠。第四，事件相关方恶意引导舆论。无论是通过虚假购买"刷单"，通过"水军"进行虚假评论，还是通过删帖、中伤、"拉踩"等"黑公关"方式，都会影响受众的认知。第五，网络信息泛滥，部分受众缺乏辨别能力和批判能力。自媒体平台信息泛滥且未经过专业筛选和加工，受众在众多信息中寻找有效信息的难度加大，甚至部分受众在众多信息中失去理智，只在乎自我情绪的宣泄。第六，存在"法不责众"的心理。部分受众在自己的自媒体账号中任意发布极端化、情绪化、攻击性、非理性言论，自认为不会受到惩罚。第七，受众的利益性动机，如发表好评就可获得优惠券或"返现"、做"水军"获得报酬等。第八，自媒体平台的匿名性。因匿名性保护机制，一部分道德低下的网民在其账号或他人账号内容下恶意发布信息，宣泄情绪。社会规范对个体的约束力减弱，自媒体环境混乱无序，诱发用户不道德行为。

四、自媒体用户在广告参与中的行为规范

（一）自媒体用户在广告传播中的参与原则

第一，无害原则，或称不伤害原则。"无害原则指任何网络信息权利

的实现都应该尽可能避免给他人造成不必要的伤害①。"当受众作为信息传播者参与信息转发和讨论时，应审视自己的传播行为是否会对他人造成伤害并及时调整自己的言行。理查德·斯皮内洛在《铁笼，还是乌托邦》中也指出，不要伤害。根据这一核心原则，人们应当尽可能地避免给他人造成不必要的伤害或损伤。"不得伤害他人"也被称为"道德底线"。自媒体用户在进行广告信息发布和分享时应考虑网络行为是否会对他人造成伤害，如"人肉搜索""网络攻击"等行为是否影响了被搜索者、被攻击者的正常生活和合法权益？自媒体用户的"人肉搜索"行为、"网暴"行为是否真的正义？第二，尊重平等原则。自媒体用户应当尊重他人的平等和自主权利，不强迫他人。第三，知情同意原则。广告活动主办方应让参与者知晓与广告相关的信息，保护参与者的隐私。广告参与者在邀请其他人参与时也应告知受邀者相关信息，尊重其知情权和自主权。现实生活中，有些自媒体用户邀请其他人一起打榜、投票、拼单时不告知当事人实情，甚至有人窃取他人信息参与广告活动以获得促销优惠。广告参与各主体的知情权都应得到保障，让各主体得到充分全面的信息而自主作出决定。第四，互惠原则。自媒体用户在广告信息发布和分享中，既是活动的参与者、受益者，也要承担相关义务，遵守网络道德义务。如自觉遵守相关道德规范和法律、与网络不良和违法行为（"网暴""人肉搜索""水军""刷单""传谣言""传播对立情绪"等）作斗争等。第五，遵守公序良俗原则。自媒体用户在参与广告信息制作、发布、传播时应当遵守社会公序良俗，自觉倡导良好风尚，弘扬正能量。

（二）自媒体用户在广告互动时的宽容精神

在广告互动、话题讨论中，我们应倡导宽容精神。从一定程度上讲，网络讨论具有"社会泄压阀"的作用，自媒体用户在匿名环境中处于半隐匿状态，能够自主选择话题和互动交流对象，自媒体用户的自由参与也有利于活跃社会舆论氛围。但当前网络社会"戾气"较重，甚至有部分企业和自媒体账号为吸引流量，恶意挑起网民对立，而参与话题讨论的各方"自说自话"。究其原因，除了部分不良企图者的恶意挑唆外，也与自媒体用户或网络社会目前缺乏宽容精神相关。宽容精神的缺失的产生原因，一部分是来自于"信息茧房"。身处"信息茧房"的自媒体用户仅站在自己

---

① 段伟文，网络空间的伦理反思 [M]，江苏：江苏人民出版社，2002：137.

的立场和依靠自己的认知参与活动。凯斯·桑斯坦在《信息乌托邦：众人如何产生知识》中提出"信息茧房"概念，受算法推送和个人所关注的自媒体账号等影响，个人的信息获取易陷入"信息茧房"中，人们的信息"发声"和获取逐渐形成"回声室效应"，自我被圈定在狭小而固定的圈子中，尤其是当代以消费者社群为主流的圈子中。个体"只根据个人兴趣爱好进行个性化阅读，从而导致其阅读面、知识面狭窄，限制了个人的综合全面发展。①""信息茧房"导致个体的偏见，使个体对信息的全貌缺乏整体认知。而在一些网络话题炒作者的隐瞒、欺骗、曲解信息影响下，网络舆论场走向极端化。因此，倡导宽容的精神，一是需要提高信息的辨别力，不随意转发、转载负面信息，更不要恶意转发、跟帖、评论；二是对受到内容负面影响的人体现同情，尤其是弱势群体；三是更加全面地了解信息，从权威、官方渠道了解信息；四是合理运用自己作为消费者的权利，理解其他岗位工作者的难处，不恶意"差评"或用"差评"威胁经营者和服务者。

（三）自媒体用户在广告营销中的理性、自律与法律意识

自媒体使用的低门槛实现了全民参与，人们能够随时随地获取信息，参与信息分享和讨论，表达自我利益诉求。自由、开放的网络环境要求自媒体用户要更加自律，加强自我监督，自觉按照网络和当代社会的道德准则来要求和规范自己的网络言行。在广告营销中，自媒体用户应提高媒介素养，批判性地接受广告信息，理智参与广告活动，尤其是促销活动；产品（服务）体验分享应做到客观公正，不参与"刷单""虚假评价"等。

---

① 凯斯·桑斯坦. 信息乌托邦：众人如何产生知识［M］. 毕竞悦，译. 北京：法律出版社，2008：8.

第五章 新媒体广告的隐私侵犯问题

大数据时代的到来改变了人们的生活方式，移动互联网的应用重构着现代生活的娱乐方式、社交方式、购物方式、支付方式以及出行方式等。在广告营销层面，与娱乐、购物、出行、社交、万物互联等相伴而生的大数据深刻嵌入广告投放、触达和互动之中，与人、事件、媒介和场景融合。本章将围绕新媒体广告大数据运用中的隐私问题展开，在隐私、大数据的基础概念之上，讨论大数据营销和"大数据杀熟"中的隐私侵犯，以及数据流量异化下的隐私消费等问题。

第一节 大数据与隐私

前瞻产业研究院指出，大数据在广告投放上的场景应用包括：基于大数据和云计算的程序化广告交易平台、基于用户画像的精准化广告投放和推荐平台、基于大数据云计算的广告流量交易平台。大数据的应用一定程度上解决了广告投放效果难以检测、投放不精准、数据和实际效果存在差距等问题，使得广告投放可量化、更优化和实时监测。但同时，新媒体广告数据应用中引发的隐私问题应引起重视。

一、大数据的概念

1980 年，美国未来学大师阿尔文·托夫勒在他的《第三次浪潮》中提出，"大数据"是第三次浪潮的华彩乐章。但当时大数据并没有得到广泛关注，直到 2008 年《自然》杂志把大数据引发的一系列技术问题、未来挑战作为专刊摘录（*Big Data：Science in the Petabyte Era*）才让大数据逐渐走进大众视野。2011 年，国际数据公司（IDC）在其调查报告中提出，大数据技术描述了新一代的技术和架构体系，其通过高速采集、发现和分析，提取各种各样的大数据的经济价值①。2012 年，达沃斯世界经济论坛主题报告"大数据、大影响"更是将数据作为一种新的经济资产。

对于"大数据"的概念目前学界没有统一的定义。美国国家科学基金会认为大数据是"由科学仪器、感应仪器、电子邮件、富媒体软件、网络点击流和移动互联交易等多种数据源生成的大规模、多元化、长期的和复杂的分布式数据集"②，Informatica 中国区首席产品顾问但彬认为，"大数据"是海量数据+复杂类型的数据。麦肯锡公司在其报告 *Big data：The next frontier for innovation，competition，and productivity* 中将大数据定义为，大数据是指其大小超出常规的数据库工具获取、存储、管理和分析能力的数据集③。Ira S. Rubinstein 认为，大数据是"通过传感器、网络交易、电子邮件、视频、点击流，以及当前和未来可获得的其他数字资源产生的海量、多样化、复杂化、纵向或分布式数据集"④。

在特征方面，高德纳资深分析师道格·莱尼提出大数据有三个基本特征，即 volume（大规模）、velocity（快速）、variety（多样性）；IBM 在 3V 基础上增加了大数据 veracity（准确性）和 value（分析后的高价值）特征。牛津大学教授维克托·迈尔·舍恩伯格和大数据学者肯尼斯·库克耶在《大数据时代：生活、工作与思维的大变革》中也将大数据的特征概括为"4V"，即 volume、velocity、variety 和 value。也有的学者在 IBM 的"5V"特征上增加了 variability 和 visualization 两个特征，即大数据的变化性和可视化。

总体上，第一，大数据的数据规模大。在包括物联网在内的网络世界中，大数据的规模急剧扩大，人机交互数据，人际交往数据，人与物、物与物的交互数据相互关联、叠加，我们在网络中的购买记录、位置信息、网络浏览痕迹等都会被记录、储存。第二，大数据的数据种类多，表现为数据的信息种类多和数据结构类型多。特别是当下，在除去传统的关系型数据后，数据类型已拓展至网页、搜索引擎、电子邮件、传感器等半结构

---

① 赵国栋，易欢欢，糜万军，等.大数据时代的历史机遇：产业变革与数据科学［M］.北京：清华大学出版社，2013.

② 安宝洋.大数据时代的网络信息伦理治理研究［J］.科学学研究，2015（5）：641.

③ 赵国栋，易欢欢.大数据时代的历史机遇：产业变革与数据科学［M］.北京：清华大学出版社，2013.

④ I. S. RUBINSTEIN. Big Data：The End of Privacy or a NewBeginning？［EB/OL］. International Data Privacy Law. http://ssrn.com/abstract＝2157659,2013.

化与非结构化的、原始的数据①。第三，大数据的数据处理速度快。随着算法和人工智能的发展，大数据的处理速度加快，能够在极短时间里分析数据，并挖掘数据背后潜藏的价值。第四，数据分析后的高价值性。大数据已经被当作一种经济资产，对大数据的分析、挖掘和应用能提高经济和社会运行效率。

二、隐私的概念

"隐私"的观念一直伴随着人类社会的发展，比如在人类社会发展初期，人类就会用动物皮毛、树叶等遮挡身体的隐私部位。张新宝认为，人类的这种"知羞耻""掩外阴"的心态是人类注重隐私的开端②。当人类开始组建家庭以及后来拥有私人财产，人类对私人空间、私人生活开始更加重视，隐私后来更延伸到思想、观念、情感等范畴。美国华盛顿大学法学院教授丹尼尔·J. 索乐（Daniel J. Solove）在著作《了解隐私》中提出，"隐私是人们自主决定是否把他们的思想、情感、情绪等信息传达给他人的一种正当权利"。隐私是一种隶属于行为、事物和信息的特性；同时，隐私也适用于有形和无形的事物。隐私并不仅限于传播领域。隐私问题涉及信息收集和处理，以及强行询问信息过程中导致的侵犯事件③。塞缪尔·D. 沃伦（Samuel D. Warren）和路易斯·D. 布兰代斯（Louis D. Brandeis）在《隐私权》中将隐私界定为"不受干涉"或"免于侵害"的"独处"的权利，存在于"私人和家庭的神圣领域"④。我国学者薛孚、陈红兵也认为，"隐私一般指的是个人不愿他人干涉与入侵的私人领域，与人的私密方面有关。⑤"此外，刘德良指出，"隐私作为一个复杂的历史性概念，指主体不愿意随便被公众知悉、其与公众利益无涉的私人信息。⑥"而他人采用不正当的方式获取、传播他人隐私属于隐私侵权行为。

---

① 李国宇. 大数据时代背景下的隐私权问题研究［D］. 上海：复旦大学，2014：4-5.
② 张新宝. 隐私权的法律保护［M］. 2版. 北京：群众出版社，2004：24.
③ SOLOVE, D. J, Understanding privacy［M］. MA：Harvard University Press, 2008：24.
④ 路易斯·D. 布兰代斯，等. 隐私权［M］. 宦盛奎，译. 北京：北京大学出版社，2014：5.
⑤ 薛孚，陈红兵. 大数据隐私伦理问题探究［J］. 自然辩证法研究［J］. 2015（2）：44-48.
⑥ 刘德良. 隐私与隐私权问题研究［J］. 社会科学，2003（8）：51-58.

三、大数据时代的个人隐私危机

（一）个人隐私信息的暴露风险增大

人类在网络世界留存了大量隐私数据，这些数据在网络上快速流动、彼此关联，这种数据快速流动隐藏着隐私数据泄露的风险。2018年8月，中国消费者协会组织开展"App个人信息泄露情况"问卷调查，共回收有效问卷5 458份。调查结果显示，个人信息泄露情况比较严重，遇到过个人信息泄露情况的人数占比为85.2%。当消费者个人信息泄露后，约86.5%的受访者曾收到推销电话或短信骚扰，约75%的受访者接到过诈骗电话，约63.4%的受访者收到过垃圾邮件，这三项个人信息泄漏导致的问题排名位居前3位。个人隐私信息的暴露风险来自以下五方面：第一，风险暴露的机会增加。当我们关注某个公众号、浏览某件商品、共享某个位置，网络会记录、了解个人隐私，虽然这让我们的生活更加便利，但也让我们的隐私信息处于泄露的风险之中。第二，个人对隐私信息的无意识泄露，包括：没注意隐私信息收集的相关告知/未告知信息、未注意或没有对未知网站的风险警告引起重视、个人隐私保护意识薄弱、网络或手机应用的系统漏洞等。我们在安装和使用手机App时应阅读应用权限和用户协议或隐私政策情况。相关调查显示，很少有用户在安装和使用手机App时阅读应用权限和用户协议或隐私政策，偶尔阅读和从不阅读者居多。第三，部分企业对个人信息收集和保护的意识较薄弱、能力不足；没有保护个人隐私的企业自觉，或在企业网站及相关应用中的数据采集、储存、分析、应用中的数据保护能力不足，缺乏数据安全保障技术和机制。第四，企业的数据霸权。部分企业要求用户必须授权网站或手机应用采集个人信息才能使用，用户只得被迫接受。第五，部分组织的非法违规信息采集和应用。个人信息在大数据社会的经济价值逐渐显现，一些企业、机构在利益驱使下不顾法律法规、社会道德随意收集、获取、分析和应用个人隐私信息。

（二）个人对隐私的观念发生变化

一方面，人们对什么是隐私的观念发生变化。一些传统观念中不属于隐私的内容现在被认为是隐私。如部分老一辈中国人不认为工作情况、薪资情况、婚姻状况等属于隐私，而年轻人则认为这些属于隐私。另一方面，在信息社会，人们开始重视自己的隐私保护却常常感到对隐私保护的无奈。我们会在生活中听到这样的观点，"反正手机都收集了我这么多信息，我隐私早就泄露了"。部分人群开始对隐私保护持麻木的态度，这不利于隐私权的保护。

（三）隐私信息被作为商品

在大数据时代，个体隐私能够被数据化，被数据分析后的隐私信息具有巨大的经济价值，因此，如果把隐私信息作为商品，其在大数据社会面临着经济效率优先还是道德优先的困境。组织机构是为了提高整体的经济效率而将隐私信息作为商品交换、共享，还是优先保护个体的隐私信息？美国研究者戴维斯和帕特森在《大数据伦理学》（*Ethics of Big Data*）中指出，所有的企业都应确立自身适用的道德规范，明确数据本身对他们的意义，重视数据中所涉及的身份（identity）、隐私（piracy）、归属（ownership）以及名誉（reputation），在技术创新与风险之间保持必要的平衡①。

个体在庞大的组织机构和先进的技术面前，对自己的隐私数据保护能力明显不足，逐渐丧失控制权，个体也面临将自己的隐私作为商品交换便利或优惠，还是捍卫隐私权的困境。当个体捍卫隐私权时，又面临相关支持性力量不足的问题，引发个体对组织机构、相关部门的不信任，对自我权益受损的恐惧和担忧。此外，由于网络黑客技术、信息黑市交易等违法行为的存在，隐私信息也被作为商品进行非法交易，个体的隐私数据泄露风险加大。2018 年，浙江省温州瓯海区警方破获一起特大侵犯公民个人信息案，抓获侵犯公民个人信息和购买公民个人信息后用于网络贷款推广的犯罪嫌疑人 18 名，涉案公民个人信息达上千万条，涉案金额 500 余万元。

第二节　大数据时代的新媒体广告隐私问题

中国信息通信研究院于 2019 年发布《大数据白皮书》。《大数据白皮书》提出，"随着社交网络用户数量的不断扩张，利用社交大数据来做产品口碑分析、用户意见收集分析、品牌营销、市场推广等'数字营销'应用。电商数据直接反映用户的消费习惯，以用户数据为基础，经过推荐算

---

① DAVIS, PATTERSON, Ethics of big data [M], O'Reilly Media, 2013：27.

法的处理，有针对性地投放广告、促销推送等。这种定向营销因与消费者特征匹配程度较高，更易于促使交易行为的发生，逐渐成为直接有效的营销方式。但基于大数据的过度营销也会带来侵犯消费者隐私、干扰用户安宁等伦理问题，如何平衡大数据应用在资本领域的收益与危害？"万物互联时代加强了物与物、人与物的连接，也在连接的过程中形成了新的数据链接和关系结构。广告在新媒体平台的传播，更多呈现出以大数据为基础的特征，通过云计算实现广告的智能分发和创意辅助。在大数据时代，我们需要对隐私数据（包括个人的和组织的）进行有意识的保护。

一、大数据营销的隐私侵犯

大数据营销，是指在大数据技术分析的基础上构建的营销方式，受特有的模式驱动，我们因此称其为"驱动型营销"，该营销策略能有效地触动受众，并能有针对性地给受众服务①。大数据技术适用于进行精准营销，即以数据驱动提升消费者参与效率、实现消费者的精确营销为目标的新型营销手段，通过大数据技术收集消费者数据进行分析，并根据分析结果优化营销策略的新型营销手段②。大数据营销重视受众的大数据，以大数据为基础和中心，整合和连接与受众相关的场景（位置）、标签（属性、兴趣等）、价值观、社区（虚拟与现实的社区），针对受众进行信息推送和营销活动策划，将受众数据和参与融入企业品牌建设中。大数据在推动企业营销变革中，也涉及相关隐私侵犯问题。

（一）个人基础信息的隐私侵犯

大数据营销的一个发展趋势是追求营销信息的精准触达，其中便首先需要大量的个体基础信息，个体与各类场景连接、各类数据链接的交互信息。同时，在个体与各种数据连接的过程中，个体的基础信息也记录、留存在相关的系统中，帮助企业寻找目标及增加潜在目标客户。这些个体基础信息包括但不限于 IP 地址、年龄、性别、职业、兴趣、消费能力、常活跃场所等。尤其是近年来备受争议的人脸识别，人们对人脸识别的安全性、人脸信息背后的关联信息以及人脸信息的授权和应用范围等具有一定的担忧。诚然，大数据的应用，降低了广告信息分发的无效性，但需要建

---

① 李燚，郑小艳，王开琴，等. 大数据视角下智能营销［J］. 互联网周刊. 2023（1）：77-79.
② 王浩宇，孙启明，胡凯. 信令大数据技术在精准营销中的应用［J］. 北京邮电大学学报（社会科学版），2016，18（4）：70-76.

立在尊重和保护受众隐私数据的基础上，需要对个体的基础信息数据进行敏感隐私信息剔除处理，明晰对个体隐私数据的收集、处理和应用边界。

（二）消费数据的隐私侵犯

我们在购物网站购物中常注意到一个现象，购物网站似乎很明白你需要什么，它的"猜你喜欢"所推荐的商品正是你需要、喜欢且在消费能力范围的产品，它的"比价功能"明白你在哪些商品间犹豫。它贴心的"服务"除了以个体的信息为基础外，还包括最近的信息浏览、新近购物商品信息或那些具有周期性消费特征的商品信息等。新购的鞋子正好需要一条相称颜色的裙子搭配，新买的手机需要相应机型的手机壳，三个月前的隐形眼镜到期需要新购，以及新关注的带货主播又推荐了什么"尖货"。电商网站通过消费者的消费数据辅助电商商业运作，将消费者标签化，分析其消费行为和习惯，建立消费者的个性画像，从而进行消费者定位使得商品信息和营销活动能够精准推荐。同时，电商网站还可根据消费数据洞察和挖掘消费者的潜在需求，在消费者还没意识到自己需要某种产品或服务时便为消费者提供个性化服务。

大数据营销通过数据挖掘预测消费者的消费趋势和消费行为，向消费者投放精准广告，其中涉及消费隐私数据的几个问题：一是消费隐私数据的收集是否得到消费者的允许，企业是否尽到应尽的告知义务，在用户不同意收集时是否存在霸权行为（如不同意收集则不能使用）。二是数据收集的类型和范围是怎样的。三是消费数据间的连接是否得到消费者的授权，以及数据连接后是否进行有效的隐私保护。尤其是在线上和线下消费场景融合时，居家—出行—消费等场景应用打通，人脸、指纹、支付关联的背景下，消费数据相互关联后的隐私泄露风险增加，个体对隐私保护更加弱势，企业是否能保护好其收集的消费隐私数据应引起重视。四是如何有效防范及治理企业的违法收集、主观隐私泄露或交易行为。美国某网络广告商就曾因不当获取及销售网络个人材料受到指控。五是对于消费者个体而言，如何保障其不被预测、推荐的权利。如部分消费者并不希望"猜你喜欢""你喜欢的主播""你最近收看/浏览"等信息出现在网站或手机页面中，不希望在"购物节"收到大量促销短信等。

（三）位置信息数据的隐私侵犯

在场景营销时代，位置信息连接了人与场景。随着定位、导航、团购、社区电商、商超小程序、交通出行 App、短视频等的相互嵌入，大数据营销中的位置数据将人与物、人与地方、人与媒介连接，基于位置的场景营销时代正将虚拟与现实融合。用户自己在社交媒介、短视频或直播平台等媒介应用中的图片、视频等也会泄露自己的位置信息，被别有用心之人利用。位置信息的授权为人们的生活提供了便利，但位置隐私信息的侵犯及泄露则可能造成个体的经济和人身安全问题。而在信息推送方面，基于位置的信息推送可能造成对用户现实生活的过分干扰，并极容易引起用户的不安全心理，让用户产生一种仿佛处于"被监视"的环境中的心理。

（四）数据应用中的隐私侵犯

当个体的个人身份数据、社交数据、消费数据、通信数据、出行数据等被收集用于大数据分析时，便涉及这些数据如何处理和应用的问题。隐藏其中的个体隐私数据如何分类、剔除和保护？在对数据进行深入挖掘和预测的过程中，个体隐私数据如何防范被侵犯和泄露？

第一，大数据挖掘有可能造成隐私泄露。大数据收集和挖掘有可能泄露用户的身体健康情况、信用贷款情况、阅读观看兴趣、恋爱状况等。对于这些数据信息，用户并不希望被机构及其他个体知晓，也不希望被机构收集挖掘后向自己手机界面推送相关信息、向家人朋友或同相关机构共享。

第二，大数据预测有可能造成隐私侵犯。企业运用隐私信息实现营销的精准预测，如根据搜索、浏览、购买记录分析消费者购买需求，向其精准推送广告。一方面，这会干扰消费者的购买决策权利，使消费者与企业之间信息不对等，企业可以基于更多更精准的信息有选择地向消费者推荐信息。事实上，如果没有精准信息推送消费者会尝试更多可能性商品。另一方面，这会干扰其他企业的公平竞争权利，因为被推荐的商品信息背后的算法机制并不是受消费者个体数据的单一维度影响。

第三，被开发后数据的隐私风险。被挖掘的数据具有巨大的商业价值。组织对个体的隐私数据开发利用，建立各种关联模型、数据包和资料库，有可能被组织当作商品进行合法/非法交易。同时，还存在被开发数据的当下使用目的与未来使用目的的不一致问题。个体数据被收集后当下可能是为建立消费者画像提供定制化服务（得到用户的知情——同意和授权），在未来有可能用作其他用途、可能与消费者其他类型数据关联，甚至可能被非法转卖。消费者对自身隐私信息失去知情权和控制权，在数据应用时处于风险之中。因此，个体需要在隐私收集时明晰组织信息收集的范围、目的和保护措施，也要建立相关机制对个体隐私数据进行销毁的机制或明晰使用边界、使用目的，加大对非法采集和交易隐私数据的惩处力度。

二、"大数据杀熟"的隐私侵犯

近年来，"大数据杀熟"成为社会热议的现象，部分消费者被"大数据杀熟"而浑然不知。"大数据杀熟"在打车软件、购物软件、在线旅行平台、团购平台、电影软件、外卖平台等 App 屡见不鲜。"大数据杀熟"首先是对消费者个人隐私数据的收集，如手机型号、消费能力、位置信息等；其次是基于隐私信息的差别对待，突出表现在价格歧视，当然也表现在信息推送的差别对待；最后是"大数据杀熟"可能带来的数据垄断、隐私泄露、算法歧视等问题。

（一）"大数据杀熟"的定义

"大数据杀熟"源于电商平台对于不同消费频次的消费者采取不同价格的现象[1]。"大数据杀熟"是平台（主要是互联网平台）充分利用自身所掌握的大数据技术对消费市场进行更为精准的划分，在此基础上主要对"熟人"（习惯、依赖该平台的较为忠诚的用户）进行不当的利益宰割，从而使大数据技术成为部分经营者追求超额利润的有力工具[2]。"大数据杀熟"是指通过算法对用户画像后，对不同用户进行不同的定价[3]。消费者的地理位置、个人偏好、消费记录、支付能力、手机型号等都影响着产品的价格。在日常生活中，消费者越关注、越需要、越依赖某种商品或服务，其页面显示的价格可能越高。

（二）"大数据杀熟"的问题

1. 对个体隐私的侵犯

企业或手机软件为了实现"大数据杀熟"，在未经用户同意的情况下收集用户的隐私信息，侵犯了个体隐私。互联网平台凭借自身拥有的大数据技术对个体的身份信息、消费信息、聊天记录、位置信息、交通和交易

---

① 胡萌萌."大数据杀熟"背后精准营销的社会伦理失范问题探析［J］. 北京经济管理职业学院学报. 2019, 34（1）：23-27, 46.

② 李飞翔."大数据杀熟"背后的伦理审思、治理与启示［J］. 东北大学学报（社会科学版）. 2020, 22（1）：7-15.

③ 高富平，王苑. 大数据何以"杀熟"？［N］. 上海法治报. 2018-05-16.

信息等隐私数据进行数据收集、分析和挖掘，并建立起数据庞大、维度丰富、彼此关联的数据库。有些 App 未经用户允许开启录音、访问通讯录等，偷窥用户消费需求。据中央电视台《朝闻天下》节目报道，某用户因与同事聊天内容涉及宝宝证件办理问题，便有购物软件和浏览器向她推送宝宝证件套这类商品。数据隐私侵犯的另一个显著表现是对用户数据的滥用。数据滥用也称数据不当使用，是指未经当事人允许或以当事人所不乐见的方式使用其信息①。用户隐私信息被收集后，被商家用来描绘用户画像，评估用户消费能力，更精准地"杀熟"。

2. 造成价格歧视和人群歧视

通过大数据算法分析，平台可以通过相关标签或属性等对个体进行分类，形成精准的用户画像，依据不同的画像特征有针对性地展开信息推送和执行差异化价格策略。从某种程度上说，"大数据"精准"杀熟"是一种歧视，包括价格歧视和人群歧视。一方面，商家通过用户隐私数据的不合理运用给消费者打上不同标签，如"新客""会员"、消费均价、使用频率等，给予不同消费者不同的折扣力度或加价程度，或推送不同质量的产品，形成对消费者的价格歧视。这种歧视具有隐蔽性，因为消费者处于信息非透明状态，他们不清楚其他消费者看到的商品价格。商家还通过优惠券、平台活动等定价方式规避价格监管。有部分学者认为"大数据杀熟"的价格歧视已经属于价格欺诈。平台经营者隐瞒了对其他客户给予更低价的事实，诱导老客户以更高价格与之交易的行为属于价格欺诈②。经营者"虚构事实、隐瞒真实情况"是构成价格欺诈的核心要件③。另一方面，大数据的"精准"推送构成人群歧视。它既表现在算法如果发现用户价格敏感，会向用户推送价格相对低廉的商品或给予更多折扣；也表现在算法识别到如果消费者消费能力高、价格不敏感、消费黏性高而会向此部分消费者显示更高价格或推荐价高的商品。在数据推送的差别对待面前，消费者感觉自己被冒犯。

因此，我们需要明白"精准营销"和"大数据杀熟"的不同。精准营

---

① 杨洸. 数字媒体时代的数据滥用：成因、影响与对策 [J]. 中国出版, 2020 (12)：3-8.

② 孙善微. 大数据背景下价格欺诈行为的法律规制：以大数据"杀熟"为例 [J]. 北方经贸. 2018 (7) 51-52.

③ 廖建凯. "大数据杀熟" 法律规制的困境与出路：从消费者的权利保护到经营者算法权力治理 [J]. 西南政法大学学报, 2020 (1)：70-82.

销是在合法的前提下，收集用户的人口数据特征并对用户搜索、浏览行为等进行分析，向其推荐广告、商品，提升消费者的购物体验。而"大数据杀熟"的数据收集及运用的合法性存疑，且其目的是通过大数据判断消费者的消费能力、消费水平、价格敏感程度，利用商家和消费者、消费者之间的信息不对称、不透明来进行差别定价、差别推送，某种程度上构成欺诈。

3. 对消费者知情权、公平交易权和自主选择权的侵犯

李伦指出，购物网站利用数据技术进行营销，产生从"千人千面"到"千人千价"的现象，即针对消费者进行个性化定价销售，进而发展为"大数据杀熟"。这其实就涉及大数据技术所带来的不公平问题，因为这些问题侵犯了消费者的知情权、自主选择权等权益①。由于商家并没有将其对于同一种商品或服务进行差异化定价的情况告知消费者，其侵害了消费者的知情权。大数据基于用户特征（消费能力、价格敏感程度、产品需求程度等）的信息显示界面，也会影响消费者的自主选择。由于产品的价格因消费者差异而不同、产品未做到同质同价，"大数据杀熟"也显然侵犯了消费者的公平交易权。信息显示的不公平加剧了消费者在商家被"杀熟"的可能性，"老客"有可能因为自己是"老客"或"高频率用户"而遭遇更高定价、更低优惠力度，相对于"新客"在同一个商品或服务面前遭遇不公平对待，可能是支付更高价格、可能是服务被打折扣、可能是赠品更少。《中华人民共和国消费者权益保护法》第十条规定："消费者享有公平交易的权利。消费者在购买商品或者接受服务时，有权获得质量保障、价格合理、计量正确等公平交易条件，有权拒绝经营者的强制交易行为。"

4. 对社会信任的背离

费孝通指出，"熟人社会"的诚信精神成为情理规则，支配着个体行动，对信用的遵循并不是对契约的重视，而是源于对行为规矩熟悉到不假思索的可靠性②。在现代原子化社会的语境下，个体越来越依赖于专家系统、意见领袖、专业网络媒介等提供消费建议、生活指导，个体与存在于网络中的专家、达人、评分网站等建立了信任关系。但在"大数据杀熟"

① 李伦."楚门效应"：数据巨机器的"意识形态"：数据主义与基于权利的数据伦理 [J]. 探索与争鸣. 2018（5）：29-31.

② 费孝通. 乡土中国 [M]. 南京：江苏文艺出版社，2007：10.

下，这种信任关系面临危机。首先，用户对消费平台越"熟"，用户越经常浏览某个平台，平台越"熟悉"用户。同时，由于平台也提供其他消费者的评价、评分参考，用户也越信任平台，但如果遭遇"杀熟"则面临信任危机。其次，用户对专家或意见领袖的"熟"。一种情况是当用户与意见领袖形成粉丝关系，用户会经常关注和观看意见领袖发布的相关内容，建立信任关系，但如果被大数据推送了"伪专家"，用户有可能遭遇信息欺诈和金钱损失；另一种情况是所谓的"意见领袖"将粉丝当作"韭菜"，粉丝被"杀熟"。再次，用户对点评网站、内容社区的"熟"。现代商业社会，用户常通过团购网站、点评网站、内容电商等平台进行消费，商家在网页显示的先后位置、评分或被意见领袖推荐的频次等信息会影响用户决策。但如果点评网站的评分被"注水"、被掺假，或凭借自身的"分数排名权威"地位干涉正常的打分或推荐，则面临信任危机。

"大数据杀熟"是对社会信任的背离，大数据的"熟"首先建立在数据基础上的彼此了解和信任，建立在消费者与商家或品牌之间持续的消费行为基础之上。基于"熟"的信任关系，消费者将基础的信息授权给商家、品牌和平台，希望可以在彼此信任的关系中互惠互利，但"杀熟"行为破坏了信任关系。这种被破坏的信任关系将影响商家、品牌，更可能影响用户对平台、技术和交易方式的信任度。如果任由"大数据杀熟"发展，一方面是人人以"熟"为武器，不断从各类渠道获取用户信息以"熟悉"消费者，从而展开"针对"营销，社会的整体信息保护生态建设将遇到巨大阻碍；另一方面，部分消费者开始对个人信息保护失去耐心，对自我信息安全保护"麻木"，对社会信任度也将大大降低，不利于构建诚信和谐的社会。

因此，用户应该意识到自己拥有信息主权，商家和平台应努力重建信任关系，要知道诚信是企业长久经营的必要条件，需要真正从满足消费者需求的角度提供相关商品和服务，而不是进行差别化定价。商家和消费者在彼此长期性的交易、消费中建立起来的关系是彼此信任、彼此依赖的关系，这种"熟"是长期经营的结果，要维护这种信任关系。

5. 对社会公平竞争环境的破坏

从企业经营角度看，"大数据杀熟"也是对社会公平竞争环境的破坏。对于有技术和资本的企业，如果没有严格的法律规范，其拥有更强的能力获得消费者数据，拥有更庞大的用户数据、更精准的数据处理和推送能力，在市场的占有率也将越高。中小企业在具有资金和数据优势的企业面前处于明显弱势地位，生存环境将受到挤压。针对互联网平台的竞争状况可以看出，最终导致的结果就是在互联网平台之间的相互竞争中，谁掌握的消费者信息越多，谁对消费者的个人数据分析越透彻，谁就能拥有远超其他平台经营者的经营规模和利润，从而增加未受惠市场主体的经营成本，导致公平的竞争环境失衡①。而在大企业处于绝对优势地位的情况下，普通消费者遭遇"大数据杀熟"的风险可能会增加，对自我隐私信息的保护和维权可能也会更难。

三、数据流量异化与隐私消费

在互联网中，为了博取数据流量，贩卖自己或他人的隐私，甚至编造自己或他人隐私的事件时有发生。特别是有些自媒体，为了自媒体账号迅速获得关注，早日变现，编造自己或他人身患绝症、残疾或遭遇情感诈骗等。自媒体账号@金×便编造"肝癌晚期"虚假事实、以卖惨方式博取流量。2023 年 3 月 31 日，北京市互联网信息办公室就该自媒体账号的违规行为，约谈了相关平台。平台也依据《微博社区公约》等相关规定对用户予以阶段禁言、禁止被关注以及暂停广告收益的处罚。

（一）窥私欲与流量

弗洛伊德曾说："人的窥私欲源于一种本我的冲动。"窥私欲是一种猎奇心理，在互联网时代，出现了集体窥私的现象，当有关隐私泄露的事件发生，部分人群通过直播、社交媒体等聚集、窥探、谈论、泄露他人隐私。但由于网络的匿名性和"法不责众"心理，部分网友恶意评判、转发他人隐私，对当事人造成身心伤害和生活干扰。部分账号将隐私当作"流量密码"，主动泄露自己或他人的隐私以获取大量关注。个人隐私被当作了稀缺、"吸睛"的信息资源，被纳入所谓"注意力经济"的洪流中，其中的道德边界、法律问题等被大众所忽视。

（二）隐私消费的"流量"异化

一方面，"流量"追逐异化了人们对隐私的观念。某些自媒体为了追逐流量，把自我的和他人的隐私视为可以获取关注的信息资源，忽视"什么是隐私、隐私的边界"等隐私问题的关注，异化了隐私本身。隐私不应

---

① 周围. 人工智能时代个性化定价算法的反垄断法规制 [J]. 武汉大学学报（哲学社会科学版）. 2021, 74（1）：108-120.

被当作获取流量的信息资源。对受众来说，他们在"窥私"中不仅"贡献"了流量，也助推了社会对隐私侵犯的麻木和无力。另一方面，隐私被流量社会的部分人异化为消费行为。隐私权是人们自主决定是否把他们的思想、情感、情绪等信息传达给他人的一种正当权利。个体的自主决定非常重要，但部分群体利用大数据技术窃取他人隐私，无论是用于数据推送还是满足他人"窥私欲"的隐私内容制作，隐私被当作生产的原材料、账号涨粉变现的助燃剂，隐私内容被当作娱乐消费产品。部分人群在社交媒体转发他人隐私信息，甚至就他人隐私任意评论、谩骂，应被严肃对待的隐私泄露问题被异化为网络狂欢。

（三）隐私消费与生活空间侵占

对流量的追逐让很多自媒体不顾他人隐私权，为了"蹭流量"，他们到新闻事件发生地、新闻当事人生活场所拍摄、录像、直播，干涉和侵占当事人的正常生活空间，如某些网红围堵"大衣哥"，某些网红跑到奥运健儿家中聚集，甚至暴露奥运健儿的家庭住址。他们通过消费名人和普通人的隐私获利，但这种"蹭流量"是无底线行为，应坚决抵制这种消费他人隐私而蹭热度、博流量的行为。

第三节　大数据时代的隐私保护与治理

大数据时代的隐私侵犯威胁到主体对个人隐私数据的控制权，在社会层面，当隐私侵犯被视作习以为常且对隐私侵犯的道德容忍度提高时，将会进一步纵容他人的隐私侵犯行为。而对隐私的消费让隐私被当作商品售卖，商品逻辑替代了道德逻辑，对个人的自由和尊严产生威胁。因此，在大数据时代，应该进一步加强对隐私的保护和隐私问题的治理。

一、完善我国的法律法规

对于大数据营销、大数据"杀熟"和其他大数据应用场景中的隐私侵犯问题，政府应完善相关法律法规，并加强政府的监管和约束作用。目前，我国还没有专门针对隐私或消费者隐私保护的法律，但在部分的部门法中有相关内容。

《中华人民共和国宪法》第三十八条明确规定了公民的人格尊严不受

侵犯。隐私权是人格权的一种，受到国家宪法的保护。

2010 年施行的《中华人民共和国侵权责任法》将隐私权纳入其中，第一次从民事基本法的角度承认隐私权是一项基本民事权利。

2021 年 1 月 1 日施行的《中华人民共和国民法典》（以下简称《民法典》）规定自然人享有隐私权。《民法典》第一千零三十二条第一款规定"自然人享有隐私权。任何组织或者个人不得以刺探、侵扰、泄露、公开等方式侵害他人的隐私权"，确定隐私权是指自然人就其隐私所享有的不受侵害的权利，是一种具体的人格权。《民法典》在人格权篇第六章"隐私权和个人信息保护"中，不仅对于隐私、个人信息以及个人信息的处理等基本概念作出了清晰的界定，同时明确了禁止实施的侵害隐私权的行为类型，处理个人信息应遵循的原则与合法性要件、个人信息的合理使用，还对隐私权和个人信息保护的关系问题作出了规定①。

2013 年第二次修订的《中华人民共和国消费者权益保护法》（以下简称《消费者权益保护法》）第十四条规定，"消费者在购买、使用商品和接受服务时，享有人格尊严、民族风俗习惯得到尊重的权利，享有个人信息依法得到保护的权利"。《消费者权益保护法》第二十九条规定，"经营者收集、使用消费者个人信息，应当遵循合法、正当、必要的原则，明示收集、使用信息的目的、方式和范围，并经消费者同意"。

2019 年 1 月 1 日施行的《中华人民共和国电子商务法》第二十四条规定，"电子商务经营者应当明示用户信息查询、更正、删除以及用户注销的方式、程序，不得对用户信息查询、更正、删除以及用户注销设置不合理条件"。

2021 年 9 月 1 日施行的《中华人民共和国数据安全法》（以下简称《数据安全法》）首次以法律形式来保护数据权益，规定该法保护的数据是"任何以电子或者其他方式对信息的记录"。《数据安全法》第八条规定"开展数据处理活动，应当遵守法律、法规，尊重社会公德和伦理，遵守商业道德和职业道德，诚实守信，履行数据安全保护义务，承担社会责任，不得危害国家安全、公共利益，不得损害个人、组织的合法权益"。第三十二条规定，"任何组织、个人收集数据，应当采取合法、正当的方式，不得窃取或者以其他非法方式获取数据"。

---

① 程啸. 我国民法典对隐私权和个人信息的保护［EB/OL］.（2020-07-30）［2023-11-01］. https://www.chinacourt.org/article/detail/2020/07/id/5383094.shtml.

2021 年 11 月 1 日施行的《中华人民共和国个人信息保护法》（以下简称《个人信息保护法》）是为了保护个人信息权益，规范个人信息处理活动，促进个人信息合理利用。《个人信息保护法》第六条规定"处理个人信息应当具有明确、合理的目的，并应当与处理目的直接相关，采取对个人权益影响最小的方式"。《个人信息保护法》第十条规定"任何组织、个人不得非法收集、使用、加工、传输他人个人信息，不得非法买卖、提供或者公开他人个人信息；不得从事危害国家安全、公共利益的个人信息处理活动"。

2017 年 6 月 1 日实施的《中华人民共和国网络安全法》（以下简称《网络安全法》）第十二条规定"任何个人和组织使用网络应当遵守宪法法律，遵守公共秩序，尊重社会公德，不得危害网络安全，不得利用网络从事危害国家安全、荣誉和利益，煽动颠覆国家政权、推翻社会主义制度，煽动分裂国家、破坏国家统一，宣扬恐怖主义、极端主义，宣扬民族仇恨、民族歧视，传播暴力、淫秽色情信息，编造、传播虚假信息扰乱经济秩序和社会秩序，以及侵害他人名誉、隐私、知识产权和其他合法权益等活动"。《网络安全法》第四十一条规定"网络运营者收集、使用个人信息，应当遵循合法、正当、必要的原则，公开收集、使用规则，明示收集、使用信息的目的、方式和范围，并经被收集者同意"。《网络安全法》第四十二条规定"网络运营者不得泄露、篡改、毁损其收集的个人信息；未经被收集者同意，不得向他人提供个人信息。但是，经过处理无法识别特定个人且不能复原的除外"。《网络安全法》第四十四条规定"任何个人和组织不得窃取或者以其他非法方式获取个人信息，不得非法出售或者非法向他人提供个人信息"。

《在线旅游经营服务管理暂行规定》第十四条规定，"在线旅游经营者应当保护旅游者个人信息等数据安全，在收集旅游者信息时事先明示收集旅游者个人信息的目的、方式和范围，并经旅游者同意"。《在线旅游经营服务管理暂行规定》第十五条规定，"在线旅游经营者不得滥用大数据分析等技术手段，基于旅游者消费记录、旅游偏好等设置不公平的交易条件，侵犯旅游者合法权益"。

可见，我国有关隐私保护的法律法规有了显著进步，但随着技术进步，新的隐私窃取和泄露方式、形式层出不穷，我国隐私保护的相关法治建设仍须进一步完善。

二、提高大众的隐私保护意识

随着大数据应用在各行各业的嵌入，人们在互联网的使用中会留下数据痕迹，个人在网络世界中变得透明，但个体在面临隐私被侵犯时，不应将此视为"理所应当"或产生"无奈""无力"等消极情绪，而应该积极维权。同时，我们应提高自身的隐私保护意识，在通过互联网等展开社交、求职、学习、购物等活动时，注意仔细查看相关隐私保护条款，注意自我信息披露的边界，自主决定何时何地以何种方式提供何种信息。在日常生活中，我们应注意防范不必要的个人信息登记，拒绝不合理的个人信息采集。如果个人隐私被侵犯，我们应该要求对方删除数据，并拿起法律的武器维护自身权益。

同时，大众在意识到自我隐私保护的重要性时，也要尊重和保护他人的隐私，不要泄露他人隐私信息，不要通过互联网窥探他人隐私，更不要"人肉"他人信息。在网络语言交往中，我们要谨慎进行道德审判，尤其是在他人遭遇隐私被侵犯时，不能任意将紧张、压抑、烦躁、焦虑等负面情绪宣泄在当事人身上。

三、企业要确定合法合理的隐私条款并保护用户信息

在采集用户信息方面，企业要遵循相关法律条款，进行相关情况告知，尊重用户的自主选择权和知情权。在分析用户数据时，企业应过滤掉用户敏感信息，合理运用用户数据。企业应加强用户信息保护，确立信息的占有、处理和分析边界，不得倒卖、泄露用户数据，不得将用户数据用于非法用途。相关平台和企业须遵守相关法律法规，加强公司内部的法律和道德培训，严格自律，不得以损害用户利益为代价使企业获益。

第六章　新媒体广告中的消费文化研究

新媒体平台和新媒体广告的发展，让广告内容场景与购买场景趋于融合，广告信息刺激与消费行动间距离缩短，新媒体广告中的消费文化研究应该引起重视。本章重点研究了新媒体广告中的消费文化，如新媒体广告与"快乐消费"、社交媒体与炫耀性消费、购物节与过度消费、新媒体技术与宅家消费、生产迭代与快速消费等，指出应在新媒体广告中提倡合理的消费观念、增加新媒体广告中的优质内容供给、进行内容治理与合理"晒"消费。

第一节　消费与消费主义

消费是经济活动中的重要环节，亚当·斯密、大卫·李嘉图等经济学家都对其展开过研究，包括消费与生产关系、消费与消费阶级问题等。马克思、鲍德里亚、弗洛姆、法兰克福学派等就消费异化、消费主义社会、消费文化展开过大量研究。20 世纪 90 年代，周中之、徐新、何小青等学者探讨了我国炫耀性消费、奢侈消费、过度消费、从众消费、提前消费等消费现象和消费文化问题。

一、消费的概念

在《当代消费经济词典》中，消费（consumption）从广义上来说包括生产消费和生活消费，通常指生活消费，即人们消耗物质资料以满足生活需要的过程①。消费和生产一样，是经济活动中的一环，消费是生产的去处，通过对产品或服务的消耗，发挥产品的价值以满足消费者的需求和欲

---

① 尹世杰. 当代消费经济词典 ［M］. 成都：西南财经大学出版社，1991：1.

望。在不同的经济发展阶段，人们对消费的理解不同。在中古时代，消费是指"用尽""耗费"。18世纪中期到19世纪中期，消费是指对物质的使用、消耗和占有。20世纪初，随着生产的标准化和规模化，消费也形成了大规模消费的特点，人类进入大众消费时代，消费成为连接社会经济、文化以及人们生活需求的纽带。消费是满足人们物质需要的商品和满足人们精神需要的商品的耗费和占有。20世纪中后期，后福特主义创造了"灵活积累"模式，消费市场开始出现细分，商品消费与文化紧密结合，通过商品的符号象征意义激发消费欲望①。鲍德里亚指出："消费并不是一种物质性的实践，也不是'丰产'的现象学，它的定义不在于我们所消化的食物、不在于我们身上穿的衣服、不在于我们使用的汽车、也不在于影像和信息的口腔或视觉实质，而是在于，把所有以上这些元素组织为有表达意义的东西，构成一种符号化的系统化操控活动。②"他也指出："20世纪中后期，消费已经逐渐成为一种被符号系统控制、掌握的行为，它超越了人与物品之间的关系而发展到了文化、传播层面。③"

在现代社会，消费是一种经济行为、心理行为和社会行为。首先，消费是一种经济行为。通过消费，生产出的产品才能完成生产到消费的闭环；通过消费市场的消费状况反馈，消费引导着生产方向，只有在消费中不断发掘消费者需要，才能生产出符合时代发展和消费者需求或欲望的产品。其次，消费是一种心理行为。在消费中，人们的心理和情感的匮乏感因为消费而得到解除，消费也给人们带来快感，物质消费和精神消费创造着感官刺激和精神享受。同时，羡慕、嫉妒、虚荣、怨怼、"相对剥夺感"等心理和情感反应也在消费活动中有所体现。最后，消费是一种社会行为。人通过消费维持个体的生产发展，而消费的产品和服务是社会上其他人或部门生产出来的，人通过消费参与社会活动，并促进社会发展。消费是拉动经济的三驾马车之一，人们消费水平的提高也能促进生产部门的产业转型、生产者的从业素质提高等。

二、消费主义的概念

鲍德里亚是研究消费社会和消费主义的重要学者，他认为"消费主义

---

① 赵津晶. 我国商业广告中的消费主义文化研究 [M]. 武汉：华中科技大学出版社，2012：20.

② 鲍德里亚. 物体系 [M]. 林志明，译. 上海：上海人民出版社，2001：222.

③ 罗钢，王中忱. 消费文化读本 [M]. 北京：中国社会科学出版社，2003：226.

不是为了实际生存需要（needs）的满足，而是为了被现代文化刺激起来的对于意义的欲望（wants）满足。①"莱斯理·斯克莱尔把消费主义文化视为一种意识形态，"消费主义文化是根据人们的潜在需要，以消费至上为核心观念，制造出品牌商品的符号象征意义，从而为人们提供了一种通过消费就能够达到的美好生活的欲望。正是这种被消费主义文化激发出的向往'美好生活'的欲望，推动了全球市场体系的生产和再生产②"。

我国学者陈昕认为："消费主义指的是一种价值观念和生活方式，它煽动人们的消费激情，激发人们的购买欲望，使消费的目的不在于仅仅满足'需要'，而在于不断追求难以彻底满足的'欲望'。③"汤丹认为，消费主义是指导和调节人们在消费方面的行动和关系的原则、思想、情绪及相应实践的总称。消费主义往往是推崇消费至上，追求体面消费、无节制消费，并且把消费主义当成一种价值观④。

在《消费社会的诞生：18世纪英国的商业化》一书中，英国学者尼尔·麦肯德里克认为，在工业革命的影响下，18世纪晚期，英国开始迈向消费社会。而马克辛·伯格在其著作《奢侈与逸乐：18世纪英国的物质世界》则将英国工业革命归因于18世纪在英国发生的轻奢品消费革命，认为来自中产阶级对传统奢侈品仿制品及新型奢侈品的需求，是英国工业革命和市场经济高歌猛进最主要的内生性推手。

彼得·N.斯特恩斯研究了消费主义的历史渊源、在各国的扩散和当地特点。在其著作《世界历史上的消费主义》一书中，他认为消费社会的诞生与现代消费主义密不可分。同时，他认为英国消费社会有三个特点：第一，以物质主义和消费主义为核心的价值理念开始主导经济与社会运行规则。新财富观和消费观得以重塑，消费具有文化符号价值、象征意义，人们通过消费构建自我身份和文化认同。第二，富裕的中间阶层日益崛起，形成节俭审慎的财富观和优雅闲适的消费观。受绅士文化熏陶，仿效之风盛行，尤其是炫耀性消费对整个社会风气影响很大。第三，传统等级消费经济向开放的奢侈消费经济转变。传统等级社会有一套严格的社会规

---

① 波德里亚. 消费社会 [M]. 刘成富，全志钢，译. 南京：南京大学出版社，2000：48.

② 莱斯理·斯克莱尔. 全球体系的社会学 [M]. 合杰，译. 长春：吉林人民出版社，1998：54.

③ 陈昕. 救赎与消费：当代中国日常生活中的消费主义 [M]. 南京：江苏人民出版社，2003：7.

④ 汤丹. 消费主义价值观的伦理审视 [J]. 现代妇女（下旬），2013（10）：173-174.

范，人们的消费只能按照自己的等级和身份地位进行。

在美国，消费主义的形成包括三个阶段，第一阶段（19世纪末到20世纪初）表现为美国上流社会和中产阶级的高消费、炫耀性消费，第二阶段（20世纪初到20世纪40年代）表现为大众消费时代的来临，这源于标准化和大规模生产方式的实现，以及广告（大众传媒）鼓吹、分期付款等消费方式的普及，第三阶段（20世纪50年代）表现为第二次世界大战后为恢复经济活力，美国政府制定一系列刺激消费、拉动内需的相关政策，倡导物质享受、奢侈消费、提前消费，消费主义逐渐成为西方社会的普遍生活方式。

消费主义有三个基本特征：一是无节制性消费。消费主义鼓吹在相互攀比中追求无节制的物质欲望，把物质享受当作评价幸福的源泉和尺度。消费主义将浪费视为"正义"，鼓吹通过不断的消费满足个人欲望，许诺可以通过消费获得"幸福"，提倡以物质的占有满足精神需求。同时，消费主义通过广告等塑造精神需求，把欲望满足单一化为唯一的精神需求。二是炫耀性消费。消费主义通过对物的占有和毁灭来实现炫耀性消费，通过对物赋予符号价值而将物与身份、成功、荣耀等捆绑，实现自我和身份的炫耀。三是符号性消费。消费主义社会是一个符号编码和符号操控的社会，商品的物质价值被掏空，填入了各类意义，与不同人群、不同个性、不同文化相连接。人们消费时追求的不再只是商品的使用价值，而是追求商品的符号象征意义，以此炫耀自己的身份、地位、品位，展现自我的生活方式。

第二节　新媒体广告中的消费文化

在现代商业社会，广告一方面能提升广告主的产品和品牌的知名度和销量；另一方面，广告也引导消费者进行消费，影响消费者的消费选择、消费观念，一定程度上反映了社会的经济面貌、消费结构、消费水平。

一、广告与消费文化

广告和消费之间的关系是很多学者关心的话题，广告促进着消费社会各个环节的运转，也受到学者们的批判，比如刺激欲望、助长消费主义、造成资源浪费等。在消费文化构建方面，广告对消费文化有着正面和负面的影响。

（一）广告对消费文化的正面影响

1. 广告引导消费者的消费

广告展现了消费市场中的各类产品和品牌，人们通过广告能够知晓自己需要哪些产品、品牌和服务，因此，广告一定程度上是消费者的消费指南。广告引导着消费者的消费行为和消费方式，通过广告对消费品的介绍，人们对产品、服务和品牌作出自我的价值判断，产品是好的、坏的抑或美的、丑的。更重要的是，消费者可以参考广告信息作出商品是否符合自己需要的判断。

2. 广告构建商品/品牌的象征意义

广告通过将商品与符号相连，为商品注入了象征意义，通过象征意义的构建提升了品牌在消费市场中的可见度和区分度。人们在消费商品时，不仅有物质需求也有精神需求，广告赋予商品的象征意义让消费者能够通过消费商品来满足精神需求，通过消费商品表达自我的精神需求。广告赋予商品的象征意义也展现了社会所提倡的价值观。广告对商品的象征意义，不仅展现了企业的价值观，而且消费者在进行消费选择时也会选择那些他认同的品牌进行消费。因此从总体的社会角度而言，广告意义构建与消费者的消费选择让符合社会道德观念的品牌和价值观得到扩展、延续和传承。

3. 广告塑造人们的消费观念

消费观念是指人们以某一段时间的社会条件以及消费条件而形成的关于消费活动的价值观，是对整个消费过程中各个环节的认识和判断①。消费观念与当时的生产力和人们的消费能力相关。随着经济的发展，人们的消费观念也会发生变化。一方面，广告内容会受到当时消费观念的影响，广告制作者会根据时代的经济状况和消费者的消费观念制作符合经济特点和消费需求的广告；另一方面，广告内容的观念提倡也会影响消费者的消费观念形成。如雕牌洗衣粉的"只买对的，不买贵的"的消费观念，"内外"牌内衣对内衣追求"舒适、无感"和"不取悦男性"的消费观念，影响着人们对内衣的消费选择和女性消费观念构建。

---

① 李健. 探析广告媒体与消费观念的相互影响［J］. 今传媒，2014，22（10）：45-46.

（二）广告对消费文化的负面影响

广告对消费文化的正面影响建立在两个前提基础之上，一是广告所提倡的观念、构建方式、传播方式是正面、积极、合理的，二是广告受众也就是消费者具有主体性，他们能够对广告和消费作出理性的、合理的、自主的价值判断。如果广告宣扬的价值观有失偏颇，消费者对广告所传达的内容失去主体性判断，广告则有可能催生负面的消费文化。

1. 广告制造"挥霍"

广告、传媒和消费主义合谋，刺激了人们的消费欲望，把物质消费当作人生的最高目标，渲染通过物质消费能够实现"幸福"，通过大量的物质消费来填补无限的欲望，造成社会的挥霍性消费和资源浪费。同时，这样的消费方式与幸福本质背道而驰，"物质占有与幸福感之间的关系，并非如物质主义价值观所宣扬和鼓吹的那样，占有物质是快乐的源泉和通往幸福的路"①，但广告却宣扬通过物质消费制造幸福神话的假象。

2. 广告制造"消费至上"

具有消费主义特征的广告制造了"消费至上"的价值观，这种价值观在商业社会俨然成为一种意识形态，对人们合理的消费观念形成负面影响。"消费至上"的价值观追求体面的消费、无节制的消费、提前消费，人们不断消费，不断占有，不断透支自己的消费能力，追求广告所赋予的消费主义意义感，在消费中迷失自我，失去自我主体性。

3. 广告制造"分割"

当广告的细分策略与身份进行关联后，品牌的差异化被用于身份的差异化区分，造成身份的区隔和身份的攀比。一方面，广告的细分策略对不同的产品赋予不同的身份标签，通过物的标签定义人，人被划分到不同的身份级别中，造成不平等、区隔和歧视，但实际上物品的差异是被广告制造的，人的差异也是被符号、社会人为构建的。另一方面，在被划分的身份体系中，人们为了攀爬到更高一级的身份，在攀爬的过程中形成非理性消费和自我的压抑；或为了标榜自己的身份，形成了攀比性消费、炫耀性消费和奢侈消费等。

因此，对于广告对消费文化所产生的影响，我们需要看到其正面和负面影响，更重要的是看到广告所秉持的消费观念是什么，广告向消费者传

---

① 李原. 物质主义价值观与幸福感和人际信任的关系研究 [J]. 华中师范大学学报（人文社会科学版），2014，53（6）：175.

递了怎样的价值观。在广告面前，消费者对广告的态度是什么？消费者的自我意识和自我主体性、自主性是否有所体现和发挥？同时，广告如何发挥对消费文化构建的正面价值？如何尊重和发挥消费者的主体性？如何通过广告中的消费文化构建促进社会进步？到了新媒体时代，广告的形式和内容也发生了变化，我们接下来讨论新媒体广告中所存在的消费文化问题，希望改进新媒体广告，促进新时代消费文化构建。

二、新媒体广告与消费文化

（一）"消费狂欢"：新媒体广告与"快乐消费"

1. 意见领袖广告与"及时行乐"

在自媒体时代，KOL（意见领袖）具有极大的影响力，他们在抖音、快手、B站、小红书、微博等内容平台有大量拥趸。部分意见领袖在其内容中鼓吹"人生苦短，及时行乐"，消费被视为获得快乐的唯一方式。在他们的内容话术中，消费是一种"悦己"行为，通过"买买买"能够排遣压力、奖励自己、实现自我。消费逐渐成为人们在劳动中失去自由的一种精神补偿，成为构建自我身份、个性自由的重要方式，成为人们逃避现实痛苦与不幸的避难所，即消费就是快乐与幸福[①]。

尤其是在带货直播间中，商品的意见领袖是当代的消费偶像，他们不仅拥有大量的产品知识和品牌议价能力，而且"总是为粉丝着想"，能够满足消费者。他们在直播间不仅宣传产品的功能，还向消费者传达快乐、悦己的消费理念，消费是消费者表达自我、彰显个性和自我实现的方式，正如芭芭拉·克鲁格所宣称的"我买故我在"。某种程度上，"悦己"消费应被视为社会观念的进步，个体更加重视自我需求和自己消费的主体性权利。但某些意见领袖广告中的"悦己"消费带有欺骗性，消费者的购买具有盲目性。"悦己"消费首先是消费者要明白自己的需求，但有些时候消费者的消费是在直播间被"悦己"话术"洗脑"导致的冲动消费。这种"悦己"消费可能滑向"利己主义"和"享乐主义"，个体的人生理想只有享乐，而不顾社会和生态的整体利益。而在部分"悦己"消费行为中，快乐是短暂的，需要通过不断消费来获得快乐，一旦不购买则陷入精神的荒芜和空虚；这种快乐是浅薄的，常常是一种快感消费，是观看直播表演的

---

① 汪淑娟. 消费主义的伦理困境及其超越 [J]. 吉首大学学报（社会科学版），2020，41（6）：145-151.

窥视欲（如打赏主播身体表演、观看主播聊八卦）和购物欲释放；这种"快乐"是不能等待的，需要即刻下单，消费者买的不是商品，买的是抢购的仪式、等快递的期待和拆快递的快乐。

2. 电商平台与"商品奇观"世界

电商平台为消费者提供了琳琅满目的"商品奇观"世界，塑造了"万能"的商品神话，即"一切想买的都能在购物网站买到"，包括"快乐"和"幸福"。正如上段所述，消费的快乐被塑造为唯一的、全部的快乐，快乐能够被标价，通过消费获得。物的满足取代精神的满足，在电商的商品世界，各种购物直播随时在线，我们在永无止境的购物狂欢中迷失。除了商品奇观，电商平台的内容化转向也为消费者输出精神商品，但目前电商平台的内容多为浅薄性、无脑的、"洗脑式"的短视频内容，需要进行内容供给优化。此外，电商平台在购物节时联动各大媒体（电视台、短视频平台等）进行"盛典"直播，消费者在观看节目时边看边买，抢购优惠券，快乐购物。

3. 精准广告推荐与"消费者主权"的反面

"消费者主权"一词最早见于亚当·斯密的《国富论》，是指消费者能够根据自己的意愿和偏好到市场上选购所需的商品。消费者的需求能够通过市场反馈给生产者，生产者能够根据消费者需求来生产产品。在供需市场，消费者拥有消费者主权，其拥有根据自己的意愿进行自由消费的权利，但在新媒体广告的精准营销中，消费者主权不知不觉被让渡给了机器推荐或大数据推送。因为新媒体广告在大数据技术支持下能够深刻洞察消费者需求，网络比消费者自己更懂消费者的需求，总是适时地向消费者提供其需要的产品，甚至消费者并未意识到自己有某方面的消费需求。在这一过程中，一方面，消费者未意识到自己的消费需求，但广告"告诉"其存在某方面需求，消费的自主意识被隐秘地剥夺。另一方面，在消费需求产生后，消费者常常仅能在精准广告推荐的几种产品中进行选择，其消费的自主选择权因"信息茧房"而被削弱。而在精准广告推荐背后是生产者和广告商，部分生产者并非因消费者需要而生产商品，而是需要市场消费其生产的商品而向消费者传递虚假需求，精准的用户画像则让消费者不知不觉、心甘情愿走进广告圈套，走向"消费者主权"的反面。

（二）"美好生活"：社交媒体与炫耀性消费

凡勃伦在《有闲阶级论》中认为"炫耀性消费"指向的往往不是物本

身，而是物所承载的地位、身份、品位等，即其符号价值。他指出，要获得尊荣，并保持尊荣，仅仅保有财富或权力是远远不够的，有了财富或权力还必须能够提供证明。社交媒体则成为当今互联网时代的展示平台，人们在社交媒体中进行着消费展示与竞赛以证明自己的消费实力和社会身份，这种展示体现出拟象性、引导性的特点，让普通大众跟风模仿。

1. 消费的展示与竞赛

19 世纪末，凡勃伦首次提出"炫耀性消费"。在社交媒体时代，一些人喜欢"炫耀性消费"，他们不是在消费，而是在"晒"消费。一些博主在社交媒体展示自己的"美好生活"，这种生活往往是"精致的""岁月静好的"和由奢侈品堆砌的。与此同时，与"晒"相伴的是"赛"，社交媒体犹如一个大型的"攀比场"，人们不仅通过社交媒体展示自己的生活方式，并进行着消费竞赛。他们通过"晒"自己的豪车来证明自己的消费品位、消费实力和消费阶层，并希望自己的消费高过他人以证明自己"更有钱、更有品位"。社交媒体加重了部分消费者的攀比心理，放大了"炫耀性消费"，以致社交媒体"炫富"蔚然成风，成为一种"炫富现象"。"炫富者"通过"炫富"获得存在感和成就感，部分"炫富者"还通过"炫富"收获粉丝，"炫富"内容一时间成为"流量密码"。

社交媒体中的"炫耀性消费"也和自恋主义文化相关，社交媒体的自我展露和粉丝追随让自恋主义者获得安全感。弗洛伊德在《论自恋》中指出，自恋主义者极其迷恋自己，以致对自身以外任何人和任何事物都不感兴趣。精神分析学家康巴克描绘了自恋主义者的人格特质，"具有野心勃勃、夸大妄想、劣等感、以及极度渴望从他人那里获得赞赏与喝彩的多重人格特征"。克里斯托弗·拉什在《自恋主义文化》一书中，将"自恋主义"视为消费社会的文化特征。自恋主义者必须依靠他人认可才能获得自尊，只有在他人的注目和喝彩声中，才能获得安全感，并得到自身存在的确认①。而社交媒体中的"精致"生活方式展示，让自恋主义者在"关注""订阅""点赞"中确认和迷失自我，他们需要在不断的消费展示和消费竞赛中重获易碎的安全感。

2. 消费的拟象性

但社交媒体中的"美好生活"消费展示也带有消费的拟象性，部分消

---

① 朱伟珏. 消费社会与自恋主义：一种批判性的视角 [J]. 社会科学，2013（9）：62-71.

费者是为了在社交媒体"晒"消费，而不注重消费行为本身。因此，在社交媒体时代，图像才是消费的对象。人们健身、美容、修图是为了在社交网站呈现完美身材、容貌的图片；人们在餐厅吃饭时先拍照，然后通过精致的构图、精心的摆拍来呈现"美好生活"的图片；人们在太阳下排队买奶茶、在热门景区拥挤"打卡"、在路易威登（LOUIS VUITTON，LV）限时书店中买帆布袋①，是为了展现"买到、来过"的图片。他们消费的并不是饮食、奶茶和帆布袋，不是景区的人文自然风格，而是在社交媒体"标记"和炫耀"我消费过"。消费本身是为了社交网络中的这张图片，图片表露着自我的生活方式并炫耀着消费占有，成为消费者确认自我的方式。

3. 消费的引导性

社交媒体中的消费展示的本质是符号或拟象展示，受众观看到的符号、图像、影像构成了消费的影像世界，引诱和指导人们消费。如小红书的 ins 风、抖音的热门景点等引起消费者的模仿、追随和"打卡"，消费者也用"笔记"标记生活，生成社交中的拟象消费。"可视化""可分享性"成为社交媒体中的消费原则，商家知道咖啡馆里要布置小资情调的餐桌和摆设，景区知道要有可供游客拍照打卡的标志性物件和景点，餐馆老板也设置各类奖励鼓励消费者在微博、大众点评等网站分享图片。人们乐于分享，也选择相信他人图片分享所制造的"美好生活"，追随、加入消费的分享与炫耀中。而当消费能力不能匹配消费欲望时，部分群体则陷入自卑、"仇富""媚富"等心理。

（三）"不断占有"：购物节与过度消费

弗洛姆认为近乎疯狂的消费是现代社会病态的标志，人们通过消费不断占有。在注重占有的生存方式中，人们与世界的关系是一种据为己有和占有的关系，在这种情况下，人们想要把所有的人和物，其中包括自己都变成自己的占有物②。弗洛姆从三个方面对西方社会的"占有"生活方式做出过分析：一是 20 世纪资本主义市场经济的高度竞争造成人们安全感缺

---

① 2023 年 6 月 25 日至 7 月 9 日，LV 联合 Manner、Plusone、Metal Hands 三家咖啡品牌在上海奉贤路、武康路、永嘉路等中心街区开设路易威登限时书店。消费者在店内购买两本品牌书籍，就能获得一个印有 LV 品牌 logo 的帆布袋，所购书籍最低 290 元一本。若要集齐绿、黄、红三款颜色的帆布袋，最少需要花费 1 740 元。很多白领为了获得帆布袋大排长队，或加价让"跑腿"代买，或从黄牛处高价购买。

② 弗洛姆. 占有还是生存 [M]. 关山，译. 北京：生活·读书·新知三联书店，1988：29.

失，感到孤独、恐惧和压抑；二是消费被认为能够促进经济增长，同时出现自我中心主义和利己主义价值观，认为应通过"占有"来享受经济增长福利；三是人把自然当作满足自身的工具。弗洛姆指出，"在高消费的诱惑下每个人不顾自己的支付能力而尽可能消费。人们对高消费的需要受广告以及其他心理劝诱手段的强烈刺激①"。"占有"通过不断的高生产和高消费实现，广告不断诱导人们进行消费，而当代的"购物节"促销方式也刺激人们不断消费，不断"占有"。

1. 购物节刺激：制造需求

如今，电商平台的购物节越来越多，电商平台通过各类方式发放优惠券，或者通过其他促销方式吸引、刺激人们消费。现在，一切节日最终都是购物节，不管是传统节日还是电商造节，不仅试图给生活一个仪式感，也给消费一个理由，让人们可以在购物节心安理得地进行消费。购物节制造着消费需求，这个需求不是物品的当下使用需求，而是对未来使用需求的想象，是购物狂欢享受，是"占便宜"的心理需求满足。

2. 攻略与"抄作业"：消费的从众

一方面，购物节期间，商家客服会为消费者提供购物攻略、凑单攻略，在相关购物论坛、消费者论坛发布攻略帖子，在购物节预热期间通过KOL广告发布商品信息、促销信息等，消费者跟随论坛、自媒体平台的意见领袖进行消费。另一方面，消费者不仅会跟随意见领袖确定自己的购买清单、制定购物攻略，而且会参考他人的购物攻略，这种行为被戏称为"抄作业"。"抄作业"的信息来源包括微博、论坛、社群，以及现实空间的家人、朋友、同事。购物节期间，办公室同事互相分享购物经验已经是一种互助社交仪式。在线上促销信息、狂欢场景和线下社交场景的相互叠加下，消费者的消费具有一定的盲目性、从众性，他们遵从的攻略和他人的"购买清单"并不一定适合自己。当然，部分消费者也知道产品不适合自己，但可能会因为"凑单"的购买策略、"向同事看齐"的社交压力而产生从众购买行为。

3. "加入购物车"："囤货癖"与消费过度

"收藏""加入购物车""凑单""提前加购""秒杀""预售定金"等"买买买"行为的结果是消费的过度、过量和家庭空间的商品堆积。购物

---

① 弗洛姆. 健全的社会 [M]. 欧阳谦，译. 北京：中国文联出版公司，1988：106-107.

节让现代"囤货癖"增多,有些消费者在电商购物中的"非必须"商品超出了正常范围,并在心理上产生焦虑心理,如"再不下单优惠券就过期了""万一这个东西会用得着""扔掉会后悔""再不买就没有了"等心理,从而不断购买,不断占有且不将事实上不需要的物品丢弃。

"囤货癖"的产生也和电商购买行为的便捷性、娱乐性相关。购买行为某种程度上转化为一种娱乐活动,购买过程比购买结果更加让人愉悦。在电子商务的消费模式中,人们可以在琳琅满目的商品世界中浏览,点击"收藏""加入购物车"是毫不费力的。人们在最终购买时,是冲动下单的(秒杀、限时、限量);是"钱包无痛"的,没有了现实情景的掏钱包动作提醒,购买是"不心疼"的"一键"行为;是快乐的,不论是消费快感还是占有快感。在电商购物世界,人们不断"加入购物车",不断"一键购买",不断"凑单",不断收快递,不断消费,不断"囤货"。这样的消费方式,是一种过度消费和浪费行为,不仅透支了消费者个体和家庭的消费能力,也在透支市场的未来消费需求和地球资源。

需要指出的是,随着各大平台以及非购物平台的电商业务扩张,"购物节"这一促销方式的竞争加剧使得购物节的促销刺激作用逐渐减弱:一是因为"购物节"活动频繁,消费者产生促销刺激麻木;二是"购物节"战线拉长、各平台和品牌促销竞争,如"双11"的促销节点都提前了半个月至一个月,消费者可以在相对宽松的时间进行促销优惠观望,并不急于下单,购物节的即时刺激作用减弱;三是"购物节"的优惠力度有限(部分商家可能价格比平时还高),消费者的购物需求已经在日常消费中得到满足,于是在购物节促销刺激中趋于理性。

(四)"足不出户":新媒体技术与宅家消费

电商平台、外卖平台、物流系统、快递和外卖员、定位功能等让我们实现足不出户的"宅家消费"。人们既能在电商和外卖平台买到物质产品,也能在各大平台宅家消费精神产品;可以宅家跟随探店博主观赏各类美食,也可以随旅行主播云游世界,还可以随健身博主宅家跟练(或看博主运动)。宅家消费不仅能推动外卖平台的就业,也让速溶咖啡、冰箱、空气炸锅、智能家居、宠物用品等消费品的销售额大幅上涨。但也应看到,宅家消费所引发的抑郁心理、身体肥胖、与社会脱节等现象。我们应思考如何在宅家消费中纳入健身、线上线下社交、多样化娱乐等方式,防止单身经济的"封闭宅家"消费取向,追求更加健康的生活方式。

（五）"新品发布"：生产迭代与快速消费

罗兰·巴特曾说："我们对这个世界的评价……不再取决于高贵与卑贱的对立，而是旧与新的对立。"一些消费者奉行"东西越新越好""东西旧了就扔"，甚至用了一段时间就感到厌烦，他们不是因为商品旧了而厌烦，而是因为出了新品而厌烦。而制造商为了追求利润，不断加快产品的生产和迭代速度，并给消费者制造消费新品的理由。尤其是在服装和电子消费品领域，产品以极高的速度更新换代，但事实上技术、功能等未有实质性突破，不过是在颜色、款式、风格上的改变，或功能上"挤牙膏"式的改进。但制造商在宣传上却又突出新品的差异性、潮流性，说服消费者为新品的差异和潮流买单。在这一过程中，生产的快速迭代让其消费拥趸形成了快速消费的习惯，从某些品牌的新品发售现场排队状况可见一斑。人们不再等产品坏了而更换新品，而是因为新品发布了便要体验新品，很多耐用品的性质已经转变为快消品，如服装行业的快时尚品牌、家电行业的智能家电品牌等。消费者对创新产品的消费促进了产品的技术迭代、创意收益，但被冠以"创新""突破""差异""奇迹"却无实质进步的宣传噱头则有违"迭代"意义，反而加剧资源浪费和环境污染，尤其是发达国家将废料、电子垃圾等运往第三世界国家处理，剥削第三世界国家廉价劳动力和原材料。

三、消费文化中的异化现象

（一）消费本身的异化

弗洛姆明确指出："消费异化的本质是消费对消费自身本质的背离、对人的背离和对人的操纵和控制。①"消费本身的异化表现为对物品使用价值的颠覆，演变成为对物品的符号消费、拟像消费。"就消费的本来意义而言，消费的目的是对需要的满足，而'需要'在本质上是与使用价值联系的：我们需要的是消费品的使用价值，我们所消费的也是消费品的使用价值。②"消费本应是满足需要，但符号消费异化了消费并成为当代消费的典型特征。物品本身的意义和使用价值被搁置、被填充，物品的图片、影像、制造商品牌及其所附加的消费文化成为真正消费的对象。人们关注的是物的符号价值，并要在线上线下各类社交场合展示、突出符号价值，不

---

① 弗洛姆. 精神分析的危机 [M]. 许俊达，等译. 北京：国际文化出版公司，1988：72.
② 池永文. 消费社会的价值观及其危机 [J]. 长江大学学报，2006 (4)：124.

论是语言、文字还是图片、影像，通过物的符号本身、符号间的组合彰显身份、地位、品位、阶层等。

（二）人的异化

鲍德里亚在其经典著作《消费社会》开篇感叹道："今天，在我们的周围，存在着一种由不断增长的物、服务和物质财富所构成的惊人的消费和丰盛现象……恰当地说，富裕的人们不再像过去那样受到人的包围，而是受到物的包围。[①]"消费者被物所包围，所控制，人越来越依赖对物的消费，需要通过对物的消费来表达自我、建构自我，并处于无休止的欲壑难填中。异化的消费让人异化为欲望的奴隶，沦为"商品拜物教"的囚徒。人们把消费当作人生唯一的目的，把快乐和幸福寄托于消费之中，"以消费活动为唯一导向获得需要的满足[②]"。而对于不符合自身消费能力的产品，人们往往陷入财务困境，而引发一系列经济问题和道德问题。"人们在符号的支配下，不断追求自身难以满足的欲望，不断消费，又不断生产，消费在生产之前，对奢侈的追求加速了社会需求量的增加，加剧通货膨胀的到来，这就产生了一个种新的消费，超前消费。[③]"

在异化的消费面前，人不仅表现出对物的依赖，还表现出对物依赖的不自知、不可控，失去了自我的主体性。一方面，人们在物欲横流的消费世界中不知道自己的真正需求，陷入商品符号所代表的价值、地位、拟象的虚幻中，依靠消费来确认自我。正如生态学马克思主义理论家所认为的，"缺乏自我表达的自由和意图就会使人逐渐变得越来越柔弱并依附于消费行为[④]"。另一方面，虽然人们意识到符号消费的虚幻性，但也被"符号"所累，被消费裹挟。人们主动或被动地进入巨大的消费泥沼中。异化的消费给人设置了成功的社会标准，个体总是在更高的社会标准面前陷入迷茫和无力。

（三）关系的异化

费瑟斯通将对符号的消费称为"地位性商品"，他人"通过解读这样

---

① 波德里亚. 消费社会 [M]. 刘成富，全志钢，译. 南京：南京大学出版社，2000：1.

② WILLIAMLESS. The limits to Satidfaction [M]. Montreal：Mcgill-Queen's University Press，1988：28.

③ 鲍德里亚. 物体系 [M]. 林志明，译. 上海：上海人民出版社，2001：183.

④ 本·阿格尔. 西方马克思主义概论 [M]. 慎之，译. 北京：中国人民大学出版社，1991：493.

的商品，可以将它们所持有者的身份予以登记分类"①。人们在商品消费中确认自我，也被商品消费定义等级归属。商品被消费主义赋予了不同等级，消费者一方面解读着商品的等级意义，另一方面也确认了自我、他人的等级，并在等级的攀比和攀爬中导致人与人交际关系的异化，人与人的关系变成物的关系。

第三节　新媒体广告与健康消费文化构建

新媒体广告参与着消费文化的构建，我们需要在新媒体广告中倡导合理的消费观念，尤其是为青年群体树立正确的消费观，在网络中提供更多有价值的内容，对拜金主义、单纯物质享乐等不良消费观念展开批判和进行内容治理。

一、新媒体广告应提倡合理的消费观念

（一）提倡适度消费

"适度性消费原则追求的目标是人类需求和自然需求相和谐，人的物质需求和精神需求相协调，消费数量增长与消费质量的提高相结合，力求改变消费过度和消费不足并存的不均衡现实。②"适度消费一是要看到社会处于怎样的平均消费水平。社交媒体中的"晒"消费，让部分受众对社会的整体消费状况产生认知偏差，在消费时容易盲目跟风或过度自卑，我们应了解社会的整体平均消费水平，让自己的消费习惯与社会经济发展相协调、相适应。二是要明确自己的消费能力。由于各类信贷产品和促销手段的推出，人们在消费时容易过度透支未来的金钱。因此，商家应在媒介内容中传达符合消费者消费能力的产品和提倡理性消费、适度消费的观念，消费者消费符合其购买能力的产品和服务，不过度透支。三是量的适度。在"占有欲""囤货欲"以及低价策略、凑单策略、信贷优惠等的影响下，部分消费者不节制消费，购买了过量（超过其实际需要）的商品。实际上，当人们过分追逐物品的占有，意味着我们内心的空虚和精神贫乏。我

---

① 费瑟斯通. 消费文化与后现代主义［M］. 刘精明，译. 南京：译林出版社，2000：2.
② 阿尔温·托夫勒. 第三次浪潮［M］. 朱志焱，译. 北京：三联书店，1984：44.

们应注意到过量的商品消费不仅会对个人财务造成不必要的压力，也对整个国家资源、地球资源造成不必要的负担。我们需要通过消费拉动经济发展，但不应该浪费地球资源。

（二）提倡健康消费

健康消费包括两个方面：一是物质消费要健康，二是精神消费要健康。物质消费方面，要消费有益于身体健康的产品，比如需要在内容营销等广告场景中提示"饮酒适量"，不得出现"大胃王"吃播等超过博主实际饮食量的场景误导观众，向消费推荐合理健康的食谱、物品等。精神消费方面，应提倡消费有益身心健康、内容积极向上的文化产品，部分媒介以具有引诱性的标题或内容吸引受众点击的行为应得到有效治理，媒介和广告商应向广大受众提倡积极健康的生活方式。此外，我们要实现物质消费与精神消费相统一。在现代社会，随着人们工作压力的加大，各行业均出现"内卷"现象，人们为了获得工作和晋升机会、获得较高的劳动报酬和实现高消费，不惜牺牲自己的闲暇时间和运动健身时间，损害了自己的身体健康，因此应提倡适当的休闲娱乐消费，让物质消费与精神消费相协调。

（三）提倡绿色消费

人类的消费是以自然资源的消耗为代价的，大量的消费意味着大量的浪费。当人类热衷消费而"不断占有"，不仅造成自然资源的浪费，而且加重了环境的负担。第一，商品的快速更迭，加快了资源的消耗速度，在生产环节产生不必要的资源浪费；同时，不断加快的商品更新频率也加重了物品的闲置，最终也会导致浪费。第二，商品的生产环节会产生大量的工业废气、废水和废料，它们被排放到自然环境中，造成巨大的生态压力。部分发达国家将废料、边角料、垃圾等运往第三世界国家，加重第三世界国家的环境恶化，而全球是一个整体的生态系统，部分发达国家的做法最终将导致全球环境问题。第三，在商品流通环节，快递盒、交通能源消耗等也加重了环境负担。绿色消费提出"5R"的观点，包括指节约能源、减少污染（reduce），绿色生活、环保选购、重复使用（reevaluate），多次利用（reuse），分类回收、循环再生（recycle），保护自然、万物共存（rescue）等。绿色消费要求我们不要浪费资源、注意节能减排，摒弃浪费资源、破坏生态的消费产品和消费方式，注重人与自然的和谐发展。

二、增加新媒体广告中的优质内容供给

广告是媒介中的重要组成内容，广告对良好的社会风尚形成会产生重要作用。随着新媒体广告的内容形式多样化、载体的多类型化，诸如内容营销、短视频广告、KOL 推荐广告、"直播带货"等成为新媒体平台中的重要内容，"广告内容化"意味着广告要增加优质内容供给。笔者认为，优质的内容除了内容本身的价值、内容表现的创新性和内容中合理消费观倡导外，针对现阶段的消费现象和问题，还应为符号予以新的内涵、为节日赋予新的时尚、为青年探寻人生意义。

（一）为符号赋予新的内涵

广告给商品赋予意义，但有些时候广告为商品赋予的意义是消费主义的，将商品的符号与身份、地位、纵欲的快乐、虚假的幸福和被外界定义的"自我实现"等相连。人的价值追求不应仅是一味追求物质满足，不应是对商品符号价值的占有。广告应该为满足人们的需要而服务，而不是刺激人们对欲望的放纵，应该在广告符号中植入优秀的传统文化和社会主义核心价值观，丰富人们的精神文化生活，构建符合中国实际的消费观。广告创作人员可以在品牌标志、包装设计、品牌 IP 设计等方面吸收中国传统文化元素和思想，广告传播人员可以在宣传时重点讲解商品的使用功能、使用场景和文化内涵，抓住商品满足消费者实际需求的痛点、文化元素亮点和品牌价值观等进行传播，让消费者在广告片、软文、直播等内容场景中知晓商品的使用价值和文化价值。如李宁的"悟道"系列产品设计不仅外观时尚，也体现了中国的传统价值观。

（二）为节日赋予新的时尚

网络戏称，"一切节日都是'购物节'"。无论是传统的节日还是电商平台制造的节日，都是消费者进行消费的理由，节日的文化内涵和历史意义被消费主义替代和消解，亟须在传统节日中保留中华传统文化的魅力，通过节日强化文化仪式，唤醒历史记忆。诚然，商业社会的节日已经被消费填充，但新媒体广告的消费者参与性、分享性特征能够在购物节的"买买买"模式中保存、传承和创新节日的文化内容，并在节庆文化中创造新的时尚。一是可以发挥社交媒体的优势，在节日期间广告可以设置相关话题，在网络空间构建传统节日的文化共享仪式。二是可以发挥新媒体广告的互动优势，通过 H5 界面、二维码、人机互动等方式，让消费者参与到

有关传统文化的相关节日庆典和互动游戏中。三是可以通过短视频、直播等媒介，构建虚拟的节日文化场景，或实现节日仪式现场和虚拟在场的连接，让消费者沉浸式感受节日的氛围。我们要用广告的方式讲好传统节日的文化故事，实现节日文化的创造性转化、创新性发展。

（三）为青年探寻人生意义

社交媒体的"晒消费"、不断被创造的购物节，鼓吹着"不断占有"和超前消费，对青年人的消费生活和人生意义等产生了一定的负面影响。第一，在青年的财务状况方面，催生了"月光族""卡奴"等。第二，在心理方面，催生了"自恋""自卑"和"相对剥夺感"等心理。部分消费者在社交媒体的消费展演中，产生自恋心理和精神空虚（需要通过他人的点赞才能感知到自我存在）、产生自卑心理（特别是消费能力上的自卑）、产生"相对剥夺感"（在发现自己在消费展示中与参照对象——现代社会的参照对象是全球性的、突破阶层的——相比时处于劣势而产生的被剥夺感并导致对自我、他人和社会的不满）。第三，在消费行为方面，出现"伪精致""精致穷"等现象。部分青年为了在社交媒体中凸显自己的"精致"生活方式和个人形象，通过"盗图""拼单""摆拍"等方式营造自我形象，部分青年为了所谓的"精致生活或消费"不惜透支身体健康、透支金钱来实现虚假的"精致"。第四，在人生意义方面，部分青年被消费主义"洗脑"，将消费乃至消费奢侈品当作人生奋斗的意义和唯一的幸福来源，把快乐寄托在商品占有和符号消费中。部分青年在消费中迷失自我，失去了自我反思和对社会不合理现象的批判能力，在"商品和符号操纵"下，青年的生活被商品和消费填满。正如马尔库塞在《单向度的人》中所说："人们似乎是为了商品而生活。小轿车、高清的传真装置、错层式家庭住宅以及厨房设备成了人们生活的灵魂"①。

针对青年群体中出现的种种消费现象，新媒体广告应该为青年探寻人生意义，但并不意味着新媒体广告应直接告诉青年人生意义，而应该和青年人一起探讨、寻找人生意义。因此，新媒体广告一是应避免将商品符码与名利、地位、身份等意义相连，减少青年人群的身份认同焦虑。二是减少广告对物欲、享乐等欲望的刺激，主张适度、合理和健康消费。三是在

---

① 赫伯特·马尔库塞. 单向度的人 [M]. 刘继，译. 上海：上海译文出版社，2006：10.

广告内容和广告活动中探讨青年人面临的问题，广告不一定给予问题一个既定的答案（如通过消费逃避问题），但可以为迷茫中的青年人群在线上线下建立讨论和沟通的平台，让青年人和青年问题得到社会的重视，纾解身份认同焦虑，关注他们的身心成长。四是在消费方面，提倡符合社会主义核心价值观的消费文化，有针对性地推荐符合他们消费能力和消费审美的产品，尊重他们的消费主体性，提倡自主性消费。所谓自主性消费，是指消费并非只是通过外在刺激达到的被动的满足，而是自我实现的一种方式①。青年人应明确自己的消费需要，这种消费需要来自自我的需求，而不是外界（广告或传媒或 KOL）强加的、虚假的需求。青年人还要通过自主决定是否消费，通过消费满足自己真正的需要。

三、内容治理与合理"晒"消费

针对新媒体平台诸如"炫富""氪金""富人崇拜""仇富""拜金主义"等问题，相关部门和平台应加强内容治理，为受众营造一个良好的内容环境，减少传媒消费主义的负面影响。如 2021 年小红书提出的社会公约中提倡"真诚分享、友好互动，明确抵制炫富分享行为"，并明确了判定炫富行为重要标准，很多博主也响应公约，发起了"真诚分享，抵制炫富"话题。在治理方面，2021 年，中央网络安全和信息化委员会办公室启动"清朗·暑期未成年人网络环境整治"专项行动，要求各平台防止炫富拜金、奢靡享乐等现象对未成年人形成不良导向。在 2021 年 11 月 18 日，小红书公布"打击炫富专项治理"的数据，小红书处理炫富类违规笔记 8 787 篇，处罚账号 240 个，其中下架 6 895 篇、封禁 158 个账号；针对炫富识别的算法模型再次升级，通过 AI 算法识别炫富的召回能力和准确性大幅提升。

同时，针对受众在社交媒体自发的"晒"消费行为，应提倡合理"晒"消费。社交媒体时代，人们"晒"消费的行为在所难免，但应当注意四个方面。第一，要注意消费应当低调，不过分奢侈和浮夸。第二，"晒"消费的商品内容，其内容应当是真实的，不要为了引起社交媒体中的关注而"盗图"。第三，"晒"消费重在记录和分享，不要因为炫耀、攀比，满足自己虚荣心而"晒"，人们需要意识到自己在社交媒体的"晒"

① 甘绍平. 论消费伦理：从自我生活的时代谈起 [J]. 天津社会科学, 2000 (2): 6.

消费是出于怎样的心理。第四，在面对他人的"晒"消费时应当有平和心态，既不为自己没有相关消费而感到落寞和"心理不平衡"，也不因他人"晒"而自己也要"晒"，不要在社交媒体中攀比。

第七章 新媒体广告中的身体影像失范问题研究

近年来新媒体广告中的身体影像失范问题较为突出，平面广告、影视广告、短视频广告和网红直播/电商直播等媒介中或多或少都出现过身体影像失范问题。本章将讨论身体与新媒体广告的关系、新媒体广告中身体影像失范表现，并以乡村带货直播为例研究身体表演及失范。

第一节　身体与新媒体广告

身体，一直以来是人们关注的焦点，身体既是人们衣食住行等消费活动的中心，也是吸引人们目光的焦点。"爱美之心"让人们对美丽的、性感的身体投去欣赏、羡慕的眼光，而好奇心、"窥私欲""审丑"心理等也会让人们注意到奇特的身体或言行。在新媒体时代，身体更是成为新媒体影像中的重要内容和符码，博主以自我身体展开叙事，广告主以身体为卖点进行宣传，身体已成为互联网中的"流量密码"。身体被消费、被变现、被置换为广告价值，新媒体广告中与身体相关的问题也越来越突出。

一、身体与广告

（一）身体是广告吸引注意力的手段

广告创意素有"3B"原则，即 beauty（美女）、beast（动物）、baby（婴儿），以美丽性感的美女、可爱的动物、天真烂漫的婴儿作为视觉元素，能够吸引受众对广告信息的关注。而随着时代的发展，"beauty"不仅仅局限于女性，优雅、性感、健硕的男性也吸引着人们的目光。美丽、性感的身体在广告中总是占有一席之地，广告创意人员通过身体的展现或装扮，在注意力稀缺时代展开"眼球争夺大战"。

（二）身体是广告作用的对象

从身体的外观修饰到妆容的打扮，从身体的健康保养到内心的精神满足，人的身体是广告作用的对象，有关身体的消费品覆盖了服装、化妆、医美、食品、健身、文化产品乃至出行、居住等消费领域。人们的消费很大比例围绕自我和家庭成员的身心健康而展开。广告一方面通过提供信息帮助人们达到身体健康、身材改善、身心愉悦等目的，另一方面也在潜移默化中影响着人们的健康观念、审美观念、消费观念等。

（三）身体是广告展现的媒介

身体也是广告展现的媒介，即人的身体是广告信息呈现的媒介，典型的如"人体广告"形式。人体广告源于国外，一家广告公司曾将某男性杂志和某有线电视公司的商标画在近百名伦敦大学生的额头上，还有些人将自己的胸部、腹部、后脑勺作为广告位拍卖给广告商。人体是流动的，因此画在人身体（脸上、头顶、躯干等部位）上的广告相当于一张移动的广告牌。俄罗斯就曾将四个男孩和两个女孩的头发剪成某杂志 LOGO 的形状，在公共场所和夜总会出没，以增加该杂志 LOGO 的曝光机会。人体广告涉及人的道德和人格等问题，但目前还没有关于人体广告的具体规定，人体广告的形式和内容应符合社会主义精神文明建设要求是共识。此外，除人的身体外，人的穿着也属于人体广告的一种媒介形式，在利用人体作为广告展示媒介时，各大广告主体应该加强自律。

二、短视频广告中的身体影像

短视频广告中，博主的身体形象是短视频广告视觉形象的重要组成部分。博主通过身体或身体部位的展现来呈现商品、表达商品使用体验。短视频的弱叙事性、碎片化和视频流等特征，使得身体在短视频广告中使用越来越频繁。

（一）弱叙事性：身体的强视觉形象

短视频广告的时长较短，在故事呈现上有一定劣势。但这种弱叙事性让短视频广告侧重通过具有强吸引力的视觉形象来吸引用户浏览，身体常常在视频画幅和视频时长中占有较大比例。身体形象之所以在众多视觉形象中运用较多，一是因为身体形象的便利性和合理性，博主拍摄视频通常以自己在镜头的讲述而展开，自我身体处于视频画面中心。二是因为身体是短视频用户关注的焦点，无论是容貌、身材还是身体的健康等，消费者均可以通过观看博主的身体状态、妆容和身体的商品体验表达了解产品使用的功效。三是因为身体的视觉呈现，构成了对身体的视觉审美或审丑猎奇。对身体的暴露俨然成为短视频中的流量"密码"，博主主动或被动地将身体作为"吸睛"利器。

（二）碎片化：身体欲望的浅薄刺激

短视频的"短"，让内容呈现碎片化的特征，内容的"短"和"碎片化"使得内容的呈现和理解是浅薄的。内容生产者关注的是身体符号如何吸引用户点击，用点击流量换取广告变现。用户对短视频内容的理解也是浅薄的，其关注的是身体符号的视觉刺激，如一些"擦边"短视频唤起用户的"凝视"甚至是身体欲望，使得用户留恋于短视频的刺激与满足。

（三）视频流：快速切换的身体"橱窗"

短视频以视频流的方式呈现信息，人们可以在短时间内"刷"完一条视频，可以在移动的状态下"刷"，并快速"刷"下一条短视频。在大数据的推送机制下，用户越喜欢看某类短视频，其就会越多刷到相关内容。因此，视频流如同快速切换的身体"橱窗"在用户手机界面"流动"，用户手指在屏幕上滑动（或不用滑动，短视频自动播放下一条），眼神流连于身体构成的声色世界。视频流中的"刷"行为并不是一种深度阅读或观看行为，人们在其中感受到的是高视觉刺激、快节奏信息接收和浅薄化信息理解。

三、直播电商中的身体影像

在直播电商中，身体显然是绝对的实践主体，主播在实时的直播中通过身体展示产品，通过身体语言和口语表达传达商品体验，也通过身体与直播间嘉宾、受众展开互动。身体在当下的直播内容中也成为一道景观，如"戏精"式的身体表演、"悲情"式的身体展露、"擦边"性的身体诱惑等。

（一）以身体传达体验

在直播间，为了有效展示和解说商品的特点和功能，主播会通过身体展示商品，也会亲身体验（或直播前试用）产品或服务。主播是商品的体验者，他们的身体感知着商品的优劣，体验着商品或服务的环境。主播也是体验的传达者，在直播间，主播借助身体展示商品，通过肢体语言、口语等表达体验感受。如美妆主播会在直播间在嘴唇和手臂等身体部位展示不同产品的对比效果，或让直播间模特穿着不同衣物展示上身效果，观众通过主播身体展示直观感受产品。而在近年来流行的"探店"直播、旅游直播、健身直播等类型的直播间，主播的身体体验传达让受众仿佛"亲临"现场。在直播中，直播镜头会跟随直播身体的移动带来不同场景体验和切换，主播会向受众展示和描绘食物的观感和口感，展示景区的风景，抑或展示健身场景和身体肌肉状态等，主播的身体体验有效传达了商品和服务的使用体验。

（二）以身体展开互动

直播间不仅是商品的售卖场域，也是社交互动的场域，在社交中，身体必参与其中。在直播间，主播与用户展开双向互动。主播类似于"导购"，通过语言、身体展示等与直播间用户展开实时交流，用户亦会通过文字、表情包、礼物乃至直播连麦等方式与主播互动。主播在和网友互动中营造了一种"身体在场"的场景感，用户感知到共同的消费情境和情绪共振，并在直播间的消费氛围中加强了身份认同和消费冲动，如在"家人们""宝宝们""所有女生"的共同身份中快速抢购，使身体进入多巴胺分泌的购物狂欢中。而当直播间邀请嘉宾时，主播与他们的身体互动也成为直播间的一大看点，他们在直播间分享产品使用心得或成长经验，让"社交"本身变成了内容。

（三）以身体作为景观

身体的不同展现风格让身体成为直播间的内容景观。一方面，身体对商品的展示本身即是景观，尤其是具有审美性的产品，描绘了不同的消费社会的物质景观。另一方面，身体对商品的不同展示形式成为一种风格，不同的身体展示风格成为一道道独特的媒介景观。不同直播间中"戏精"式的身体表演、"悲情"式的身体展露、"擦边"性的身体诱惑等，让身体成为媒介景观并饱受争议。

第二节　新媒体广告中的身体影像失范与审视

一、新媒体广告中的身体影像失范表现

（一）技术视角下的身体影像失范

1. 过度美颜与身体展示的虚假性质疑

在媒介技术的支持下，个体可以通过技术手段对自我的身体形象进行美化，在网络空间展示经由美颜技术、AI 技术等修饰后的"化身"。"化身"指用户在虚拟聊天环境中的形象展现，作为用户的视觉符号发挥作用①。图片软件、短视频/直播平台为用户提供了便利的身体优化组件，用户在技术支持下可以更大胆地展示自己的身体影像，但过度美颜让身体影像与真实身体产生偏差，存在虚假性的隐忧。一方面，诸如美颜技术、化妆技术、伪音技术等的过度使用，对身体影像生产者产生自我欺骗性，他们将美颜后的身体影像视为虚拟世界的实际自我；另一方面，过度美颜后的身体会让受众产生误解。

2. 技术模板的强制性和内卷化

图片软件和平台插件为用户提供了简易、便捷的身体影像修饰模板，如"一键美颜"等，但这套技术模板在某种程度上成为一种技术宰制工具。一方面，用户在便利性等因素影响下主动使用相关技术模板，在不知不觉中认同技术模板提供的身体审美标准，但这套技术模板的制定来自既定社会的审美标准规训，而审美意识形态可能来自商业社会的身体规训，是商业、技术和社会的合谋，用户在潜移默化中默认社会的审美标准，并在这套标准中受到"技术反噬"，用户在面对技术优化后的身体影像产生自我真实身体的排斥和焦虑。另一方面，技术模板的普遍性使用，造成一部分不愿意使用这套技术模板的人屈从于这套技术模板。因为在众多"肤白貌美""纤细大长腿"等身体影像竞争中，不按技术模板进行修饰的身体影像则会竞争失败。用户只得在技术模板的框架内"内卷"，或者跳出技术模板"剑走偏锋"，丑陋的、色情的、搞怪的身体影像在网络中竞相"争奇"。

---

① BROGLIO R, GUYNUP S. BEYOND HUMAN. Avatar as Multimedia Expression [J]. Lecture Notes in Computer Science, 2003 (2897)：122.

3. 算法推送与身体标准的社会化

算法推送让符合平台身体审美的影像、符合用户审美趣味的身体影像在平台内和用户界面得到更大概率的推送，算法技术、技术模板使得平台内身体影像越发同质化。技术赋予用户建构和改造自己的身体影像的能力，但技术也成为一种宰制，影像生产者为了让自己的内容得到推送而屈从于算法技术和影像模板，身体影像在网络世界变得高度趋同。而身体影像的同质化演变为一种身体审美的社会标准，身体标准的社会化宰制着虚拟和现实中的人。虚拟世界中，人们按照身体影像标准装扮自己的"化身"；现实世界中，人们按照身体影像标准进行身体管理，从妆容、身材到衣着、配饰，以及身体姿势和言语表达。人们努力向标准看齐，甚至在标准内"内卷"，而在标准外的影像不被看见。标准外的身体、身材被歧视，整个社会处于普遍的容貌焦虑和身材焦虑中。这套标准重视那些能被"看见"的，身体外在的、视觉的部分，而有关于身体健康、精神健康、精神需求以及"内在美""心灵美"等不被关注和追求。

（二）审美视角下的身体影像失范

1. 身体诱惑

在新媒体广告中，身体影像的暴露展示、挑逗展示被视为一种"流量密码"，通过展露性感的身体来吸引用户关注，刺激受众的视觉神经和身体欲望。新媒体广告中的身体诱惑表现在以下三个方面：一是有关于身体诱惑、身体部位、性行为等相关的视频/博文标题，二是在短视频或直播首页中的性感身体展示等，吸引用户在首页点击；三是视频内的身体展示，如暴露的、性感的影像内容。近年来，在广告中除了所谓的"美女营销"外，"擦边"短视频、"擦边"直播、"男色营销"等成为企业利用身体诱惑展开广告营销的一种新方式，试图通过身体的诱惑展示、言语色情挑逗来博眼球，提高网友对产品的关注和人气，甚至部分企业和主播将身体的诱惑展示当作给网友或粉丝的"福利"。

某饮料品牌在短视频平台展开营销，邀请了很多身材健硕的男性博主拍摄变装短视频，在短视频中男博主展示着自己的胸肌、腹肌以及手中的饮料。在身体的审美视角下，需要讨论的是怎样的身体展示是具有审美性的，怎样的展示是色情的、低俗的。从营销方面，需要讨论的是身体展示与产品的贴合度，靠身体诱惑吸引来的曝光对企业、品牌和社会的负面影响。

2. 悲情营销

这里讨论的"悲情营销"主要指虚假的"悲情营销"。部分企业或商家通过虚假人物、场景和情节，通过"卖惨"等方式博取流量和消费者的同情，诱导消费者消费。有的悲情营销利用儿童、老年人、残疾人等（部分情况下儿童、老年人等被 MCN 机构或商家欺骗，他们对营销流程和获利并不知情或不懂），展露他们身体、生活环境、收入等，如年迈的、残疾的或脏污破旧的穿着等引发消费者同情。在身体劳作和身体语言方面，有的老人、残疾人要连续直播十几个小时，甚至深夜仍在直播，并"乞求"网友点击关注、下单购买。网友基于同情、"心疼"、希望他们早点下播的心理而购买产品。虚假的"悲情营销"不仅让儿童、老人和残疾人群的身体和生活经历成为不良商家的牟利工具，也影响到这些弱势群体的身体、精神健康。高压的直播节奏和业绩压力让他们不堪其重，被迫暴露和贩卖自己的"悲苦"让他们受到人格损害。而有的悲情营销从故事到人物都是虚假的，是为博取消费者同情和购买行为的短视频/直播剧本。这些虚假的悲情营销消耗的是消费者和社会的善良和信任，破坏了市场的诚信原则。因此，各部门要有效整治虚假的悲情营销，应加强整治和监管，加强对弱势群体的帮扶。

3. 身体审丑

新媒体广告中的"审丑"现象也较为突出，部分商家和网红故意扮丑吸引点击，如男性装扮成"丑村姑"直播卖水果，一些网红在镜头面前放屁、闻臭脚、假哭、大声尖叫等。部分企业/品牌与靠扮丑走红的网红、自媒体合作，邀请他们为公关活动站台、拍摄短视频、进行直播等。其实，互联网"审丑"现象由来已久，他们以扮丑、搞怪、低俗的内容和身体表演来换取流量，挑战或迎合网友审美。身体审丑现象是身体标准同质化下的一种逆反，是对标准化审美的反抗。同时，身体审丑也是一种迎合，对受众"反抗"意志和低俗需求的迎合。"丑"成为同质化身体影像中的独特亮点，并在互联网中"丑得五花八门"，各种"丑相"层出并得到快速关注和传播，身体审丑现象与短视频、直播的结合，俨然变成了"审丑经济""审丑流量"。

（三）生命健康视角下的身体影像失范

1. "极限挑战"类视频或活动

短视频和直播平台中，一些网红和 MCN 公司为吸引流量，策划、拍摄和直播"考验身体极限"或"心理极限"的内容。他们在视频或直播的镜头面前展示危险动作，出入危险场所，或类似"大胃王挑战""吃辣椒挑战""一口气喝完6.9升的奶茶""5个小时喝完20升的水"等超过挑战者个体承受能力的视频和活动。这种"极限挑战"内容并不是为了真正地挑战身体极限，而是不顾身体承受能力或无保护措施情况下，不尊重身体和生命，只顾吸引眼球。同时，我们也应当注意到某些"极限挑战"的内容不是真实的，而是画面剪辑或演员表演出来的，但对社会造成了不良示范。如一些"大胃王"吃播，实际上吃一口就将食品扔进垃圾桶或采取一些催吐方法，但对受众造成不良的饮食示范。2020年8月，央视新闻批评"大胃王吃播"，称"部分大胃王吃播哗众取宠、误导消费、浪费严重"。相关短视频和直播平台也开始对"大胃王吃播"限流。

2. 长时间、快节奏的工作高压

在新媒体营销中，一部分企业新媒体账号运营人员为随时跟上网络更新节奏，不分上班和下班时间，随时随地工作。而在新媒体公司和直播公司等，企业员工常年加班，很多网红主播日均直播时间超过15小时，许多头部主播也处于周而复始的高强度工作状态。高强度的工作背后是当代人对身体健康的漠视或无奈，人们因为工作长期过着昼夜颠倒的生活，长期透支身体健康。

3. 身体虐待

一些自媒体为迎合受众的猎奇心理，通过身体自虐或虐待来唤起网友同情、关注，将身体表演极端化。一些过气明星在一大盘辣毛肚面前流着泪大口大口吃辣；一些"喝播"主播不断往嘴里灌白酒，甚至与其他主播连线"PK"比赛喝白酒；一些博主拍摄"自虐""虐待他人/动物"的短视频/直播，严重违背社会道德和违反相关法律法规。一方面，我们应对身体的欲望有所节制；另一方面，我们应善待自己的身体和生命，不能为了"纵欲""吸睛"等目的而损害自己和他人的身体健康和生命安全。

二、新媒体广告中身体影像失范的学理审视

（一）身体的消费化：身体被作为商品

新媒体广告中，身体被赋予了商品意义。鲍德里亚认为"身体是最美的消费品"①。身体在资本的作用下已带有商品属性，成为社会关切之物。身体是心理所拥有的、操纵的消费者物品中最美丽的一个，此时它已不再是本来意义上的肉体，而成为带有商业价值和符号意义的商品②。身体被包装成或情色，或奇特的形象满足受众欲望性、猎奇性的消费，而在以视觉性为主要特点的网络社会，身体的视觉影像则可在技术、商业支持/规范下呈现不同"拟象"，以满足不同受众的不同消费需求。可见，身体作为商品的消费属性越发明显。而更应该警惕的是，部分群体的"自觉"将身体作为商品来置换流量或其他利益。身体被自我视为一种可变现、可交易的"资本"和"商品"，身体的价值被不断"发掘"，展现裸露、荒诞、夸张、搞怪的身体，进行不同形式的身体表演，吸引用户点击。"变现"身体，使得身体受到视觉社会和消费社会的挑战。陶东风认为消费文化促进了现代"身体工业"的兴起，身体的内在特性被忽略，整个社会开始转向关注于身体的外在特征，身体开始受到视觉与消费的影响，身体的价值导向也随之偏移③。

在短视频时代，对身体外在特征的视觉化、浅薄化、欲望化展现更加明显。身体是欲望消费的投射，人们对身体的影像从欣赏变成浏览，从观看变成点击，从审美变成消费。身体影像展现的不再是人物的故事，不再是人物、事件的场景，不再是深度的角色理解，不再是影像的叙事风格，而是"短平快"的身体影像点击、滑动，是身体影像和感官的瞬间快速刺激，是"性、奇、买"欲望的即时满足，是无聊时间和空虚心灵的快速占领。而身体的视觉浅薄消费也让身体审美降格为身体肉欲诱惑，部分群体在短视频和直播中展演身体部位和"擦边"动作，身体成为以流量结算的商品，不断挑战社会关于身体的道德底线。同时，部分受众也将他人的身体当作商品，他们在直播间对主播进行"礼物打赏"并要求主播进行身体展露和身体表演，在"身体消费"中低俗欲望也不断被刺激、无节制释放。

（二）身体的客体化：身体被作为"画布"

在新媒体广告的内容变现逻辑中，身体逐渐客体化。作为客体的身体

---

① 鲍德里亚. 消费社会 [M], 刘成富, 全志钢, 译. 南京: 南京大学出版社, 2014: 120.

② 鲍德里亚. 消费社会 [M], 刘成富, 全志钢, 译. 南京: 南京大学出版社, 2014: 120-121.

③ 陶东风. 消费文化语境中的身体美学 [J]. 马克思主义与现实, 2010 (2): 27-34.

是被装扮的"画布",身体是被评价的"画作"。人们在技术支持下,通过美颜技术、虚拟贴纸、动画特效等装扮自己的身体,创作出一个外在于自我的身体符号、身体影像,打造自我在虚拟空间的身体形象或"人设"。这些人通过该身体影像获得他人的点赞、评论、转发、关注,他人的认可逐渐成为自我认同的手段,成为衡量自我价值的标准,自我将身体作为作品,作品的流量越大,受认可程度便越高,自我的商业价值越高。在视觉化和浅薄化的媒介场域,身体和身体的迎合式展演是获取流量的重要手段,身体的视觉"点赞"遮蔽了自我的精神需求,内心的空虚需要"点赞"填补,没有"点赞"则陷入焦虑不安中,实际上在身体"画布"之下,内心越发空虚和荒芜。

身体的客体化将身体外在于自我。正如罗兰·巴特所指出:"在镜头之下摆起造型……我以为我是那个人,我希望别人认为我是那样,摄影师以为我是那个人……我在不停地模仿自己。[①]"身体的客体化让自我处于他者"凝视"、商业规划和流量规训之下,自我对身体失去清晰认知和认同。自我的实现需要迎合他人而对身体进行装扮,无论是虚拟空间的虚拟身体影像还是现实生活中的妆容、身材管理,自我对自我身体的把握失去主体性,被他人和社会的标准裹挟,被平台流量逻辑规范,他人的"关注""点赞"成为自我管理身体的动力,自我的内在需求被外在评价替代,自我身体与自我心灵发生割裂。

而虚拟空间中身体的客体化也将"肉身"与"化身"分离,"化身"在技术(美颜、美妆、医美整形技术)支持下与"肉身"越发变得不相关,身体仅是一块"画布",可以在画布上创作"拟象"。因此,身体在虚拟空间作为身体"拟象"存在,自我和他人也越发将"拟象"当作真实,从而产生自我和他人在身体认知上的偏差。实际上,身体"拟象"并非真实身体形象而是在技术和他者"凝视"下塑造出的形象,受到技术、社会和消费的规训,这种规训会让人们的自我陷入迷茫和焦虑。

(三)身体的工具化:身体被作为表演道具

戈夫曼在《日常生活的自我呈现》中,将人们自我呈现的环境比作舞台,在日常生活中,人们通过身体的言辞、表情、动作等建构自己在他人心中的形象。在新媒体广告中,如短视频广告、直播带货中,博主通过身

---

① 罗兰·巴特. 明室 [M]. 赵克非, 译. 北京:文化艺术出版社, 2003:20.

体的展露、身体的互动建构着属于自己的"人设",身体成为"人设"表演的道具,新媒体空间是"人设"展开和表演的舞台,人们通过新媒体广告内容中身体的表情、语言、动作,身体与受众、环境的互动等信息传达方式构建了独特的主播风格和直播间、短视频氛围。虽然短视频和直播中的"人设"是独特的,但同时也是单一的,是缺乏形象深度的"纸片人",如男性身体表演出的"肌肉男""暖男""霸总"等,形象更多与性感相关,与性格无关。

在"人设"塑造过程中,身体作为表演工具,自我将身体置于自我和他者的共同"凝视"之中。一方面,自我将身体工具化,构成自我对身体的"凝视"。良好的身材管理和身体展演能够提升自我的社会竞争力,具有独特性的"人设"展演获得更多社交资源、流量推送、商业价值,因此自我会加强身体管理、策划身体表演行为,身体的工具化让自我以更加隐蔽和更加自律的方式规训自我。另一方面,他者对身体的工具化,构成他者对身体凝视。这个"他者"包括商家或品牌方、平台、各类技术等,在"他者"观看的舞台之中,自我的身体表演迎合着他者"凝视",身体表演被视作一种网络社会中的"身体劳动",身体是"人设"塑造的道具,是直播间商品展示的道具。自我虽然可能意识到身体展露的表演性质,但依旧无法摆脱商业社会的规训,迎合着媒介和用户的需求。

三、新媒体广告中身体影像失范的负面影响

(一)激发大众的身体崇拜

随着短视频等新媒介形式成为用户接触信息的主要媒介,新媒体广告中所塑造的身材、容貌成为受众追求的目标。人们崇拜新媒体营销活动中的"A4腰""少年感""初恋脸",追求能"洗衣服的腹肌"、能"放硬币的锁骨"、能"反手摸肚脐"等。社交媒体中的"晒"身材让人们模仿、羡慕、追逐,对身材和容貌的崇拜超过了对人"内在美"的追求。一些人认为"颜值即正义""三观跟着五官走",粉丝在直播间为"颜值博主"打赏、送礼物,崇拜他们的容貌和身材,消费"颜值博主"消费的产品,希望能够拥有同样的身材和颜值。但人的身体素质和状态各异,不能盲目模仿。身体崇拜,也让越来越多的人依靠身体在网络空间上演各种身体景观,并通过身体表演获取粉丝追崇和广告变现。他们或通过美颜技术、化妆技术、医美技术塑造了大众热衷的视觉身体,或展示身体的某个部分,

或依靠高诱惑和高难度身体肢体动作，在网络中掀起一阵阵狂欢热潮。

（二）形成普遍性的身体焦虑

谢尔茨在《符号标准，广告如何影响自我形象》中认为，在各种广告中展示的理想化身体对当代人的日常审美起着重要作用。在广告和媒介的不断影响下，身体审美和身体观念被社会标准所定义，人们为了达到社会标准定义的身材和容貌，不断消费、装扮和塑造自己的身体，不断节食、催吐、吃减肥药。人们希望拥有被羡慕、崇拜的身体，羡慕那些颜值高、身材好而获得流量的人，以苛刻标准要求自己，追求越来越瘦，追求"冻龄"，但常常因达不到标准而陷入焦虑。身体焦虑的来源一是因为个体身体差异，如依据网红的肤色、体型给出的穿搭建议并不一定符合大众，但大众会因为自己的"穿搭效果"不佳而陷入自我怀疑和焦虑；二是达到所谓社会标准需要时间、金钱、精力和毅力等，并非所有人都能实现；三是社会标准的内卷化，从肌肤状态标准到衣服尺码标准，从身材观念到生活理念，身体审美时尚总是在演变；四是广告和媒介制造焦虑，广告向社会传达"如果没有做好颜值和身材管理将碰壁，而高颜值的人总是受到优待"的神话。人们对不断变化的标准处于一直追逐之中，处于焦虑中。而这种身体焦虑扩散为一种社会普遍性焦虑，从女性到男性，从青年到老年，仿佛身体的视觉性高于一切，高出了对身体健康、性格、品性、学识等的关注。

对于广告中的身体焦虑内容，2021 年 11 月 1 日国家市场监督管理总局发布了《医疗美容广告执法指南》，提出将制造"容貌焦虑"作为重点打击的情形。该指南将对"违背社会良好风尚，制造'容貌焦虑'，将容貌不佳与'低能''懒惰''贫穷'等负面评价因素做不当关联或者将容貌出众与'高素质''勤奋''成功'等积极评价因素做不当关联"的情形予以重点打击。

（三）身体被"量化"为指标

身体塑造在消费社会变成了一项个人事业，人们按照某个标准塑造自我、保持自我，这个标准里包含着身体各项量化数据指标、各种饮食要求和各项健身项目要求等。追求这套身体标准的人按照标准的要求规范自我，某些社会岗位同样显性或隐性地按照这套标准筛选用人。身体的量化指标规划了一部分人的生活，从饮食、健身到衣着、时间、场所规划，身体成为消费的核心和生活目标。身体的标准化从审美性变成一项项"未完成"和"保持住"的数据指标。在智能设备、传感器等技术加持下，数据被计量和可视化，数据被上传和社交化。被计量和可视化数据演变成为社会性的普遍标准，演变成攀比性的数据，人们开始比拼和"内卷"身材的数据。

（四）身体消费欲望化

身体消费的欲望化主要表现为两方面：一是自我身体的欲望化消费，二是对他人身体的欲望化消费。一方面，自我的身体成为消费的中心，从饮食到美妆，从健身到医美，为了让身体靠近社会的标准指标，人们对身体的消费投入占到很大比重，身体是消费的动机和消费目的，身体成为消费的对象、欲望塑造的对象。正常的、合理范围的身体机能满足是值得提倡的，但消费社会中的身体成为欲望消费对象，身体被塑造为欲望满足的客体，人们对身体的消费某种程度上不是满足于自我发展需要而是被消费社会塑造的，对身体的消费是广告、媒介、商业的欲望刺激，虚假欲望替代真实需求。另一方面，对他人身体的欲望消费被无限刺激。人们在新媒介中将他人的身体当作消费品，部分内容生产者将身体当作"商品"予以展示和展演，他人的身体成为欲望的对象，人们语言冒犯他人的身体，身体的展示被包装为欲望满足的产品。身体的展示在自我和他者的双重意义上欲望化、消费化，卷入消费主义的身体规训中。

（五）身体审美观畸形

在欲望化、奇观化的身体景观消费中，身体审美观越发畸形，身体审美标准内卷化和身体审美景观内卷化同时发生。在媒介内容中，正常审美范围和健康标准内的身体变得不可见，大数据推送着"越来越瘦""越来越奇"的身体，而用户点击行为也在反向"喂养"数据。大众的审美观越发追求表层化、视觉化的身体或身体部位展演，追求单一的身体审美。身体审美观的畸形也促进了身体影像生产的畸形，部分网红就身体的内容影像无所不用其极。

第三节　案例分析：乡村带货直播中农村男主播的身体表演

一、问题提出

围绕网络直播、短视频和主播身体表演等主题，学者们讨论了网络主播的身体表演方式、消费方式、主播与粉丝的关系等。在网红直播中，网络直播带来去中介化的新型身体消费模式，带货网红的草根式表演和代言的大众化消费品让网民有了更为贴近的体验①。博主以身体为基础，以美妆、才艺、搞怪为主要的创作主题，并借助新媒体技术实现身体表演时的身体外观多元化、身体实践陌生化②。在主播和粉丝之间，网络女主播借助身体展示自我，在主播和粉丝之间建立了互动交流的社交机制，满足了粉丝的"窥视欲望"③，粉丝通过刷礼物、点赞、弹幕等虚拟礼物与主播建立虚拟私密关系，这种私密关系以追求愉悦为基础、以身体观看作为交换隐私的重要条件、以释放被压抑的情感为目标④。在乡村青年的短视频和直播中的关于身体表演方面的研究，郭淼、王云生发现低俗、恶搞、扮丑等土味形象成为乡村青年的普遍表演策略⑤。土味视频增强了乡村青年的个体可见性⑥，乡村"野居"青年的短视频是在地化乡村生活场景的"可视性生产"，展示乡村田园景观以及构建集体怀旧的互动空间⑦。徐婧、汪

---

① 张小强，李双.网红直播带货：身体、消费与媒介关系在技术平台的多维度重构 [J].新闻与写作，2020 (6)：54-60.

② 刘娜，李小鹏.乡村原创短视频中身体呈现的文化阐释：以快手 APP 中代表性账号及其作品为例 [J].华中师范大学学报 (人文社会科学版)，2020 (2)：78-84.

③ 曾一果.网络女主播的身体表演与社会交流 [J].西北师大学报 (社会科学版)，2018 (1)：26-35.

④ 孙信茹，甘庆超."熟悉的陌生人"：网络直播中刷礼物与私密关系研究 [J].新闻记者，2020 (5)：25-35.

⑤ 郭淼，王云生.乡村青年短视频平台土味形象的表演策略与形象建构 [J].当代青年研究，2022 (1)：74-80，105.

⑥ 李庆林，万卉英，马啸天.中国乡村青年在土味视频国际展演中的个体可见与国族呈现 [J].当代青年研究，2022 (5)：57-65.

⑦ 曾一果，罗敏.乡村乌托邦的媒介化展演：B 站"野居"青年新乡村生活的短视频实践 [J].福建师范大学学报 (哲学社会科学版)，2022 (1)：119-131，172.

甜甜则指出，乡村青年通过快手重塑乡村社会形象、传播和再生产乡土文化的传播行为，使当代乡村的形象及其价值观念得到更多人的认同，并进一步加强对乡村青年身份的认同①。本节聚焦乡村带货直播中农村青年男性主播的身体表演现象，研究媒介技术和消费社会如何影响农村青年男主播的身体表演，在主播和粉丝之间有着怎样情感互动关系，并分析乡村带货直播中的身体表演与乡村文化构建的问题。

二、乡村带货直播中农村男主播的身体表演

随着抖音、快手、B 站等直播和短视频平台的发展，短视频和直播平台成为身体表演实践的媒介场域。主播以身体为中介，或进行自我呈现和表演，或以身体感受分享产品体验，或外出探店、旅拍，观众通过他们的身体实践实现情感互动、虚拟在场体验和产品消费。在乡村带货直播中，生长和居于乡村的主播直播果园采摘、田间劳作、村民家常，分享产品的视觉、味觉体验，带领受众云游乡村并实时互动。但随着身体呈现的表演化、程式化，身体自身变为商品，并受到媒介技术和消费社会市场的双重影响。

（一）身体呈现：竖屏带货直播界面中的身体

不可否认，随着 5G 时代的到来，手机已经成为网民的具身性媒介。通过手机，身体与网络连接，手机延伸了身体的感官。人们对竖持手机的手持方式、下滑触屏操作等身体实践方式影响着手机端的内容呈现，尤其是在移动场景中竖屏更为称手。加之近年来抖音、快手等短视频平台不断探索竖屏影像表达，竖屏短视频越来越流行，并影响着身体的影像呈现。余富强、胡鹏辉认为，在以竖屏为体现的直播平台中，网络主播的身体，尤其是面部和上半身占据了屏幕的绝大部分空间，网络直播界面成为对主播身体的中近景特写②。在 9∶16 的竖屏画幅中，一方面，中近景特写将人的身体、肢体动作、面部表情，产品近景和变化细节等作为主要表现对象，由此产生视觉聚焦，并随着镜头移动产生具身性"在场"体验。如乡村带货直播对农村青年男主播身体腹肌由下而上的镜头位移、肱二头肌挤

① 徐婧，汪甜甜."快手"中的乡土中国：乡村青年的媒介呈现与生活展演［J］．新闻与传播评论，2021（2）：106-117.
② 余富强，胡鹏辉．拟真、身体与情感：消费社会中的网络直播探析［J］．中国青年研究，2018（7）：5-12，32.

压水果爆汁的细节展现让粉丝身临其境。另一方面，竖屏常常通过快镜头的切换和人物快速位移弥补其不利于展现远景的弊端，通过提供高密度的视觉符号让粉丝沉浸其中。

此外，竖屏中的身体呈现改变了观众对身体距离的想象，让身体距离感知更近。在横屏模式下，粉丝与身体影像之间更倾向于"观看"与"被观看"关系，但竖屏模式则更容易、更快让受众进入互动交流状态。竖屏的身体展示模拟了人与人进行面对面沟通的场景，影像呈现类似于视频通话的虚拟场景，配合不断刷新的评论、闪动的"点赞"爱心图标，让人更快进入竖屏影像搭建的互动空间展开交流。

（二）身体表演：从劳作的身体到欲望的身体

身体是自我展现的重要元素和中介。在媒介技术的赋权下，个人借助简单的设备就可录制视频或进行直播，在网络空间展现自我。但当摄像头打开的那一刻，自我总是会以镜头之后、屏幕之外的他者为交流对象，自我展现便开始区别于日常生活场景的自然状态，转变为表演状态。戈夫曼认为身体是表演者重要的前台[①]，摄影机重新激活了人们已然丧失的面部表情和动作语言的表演能力[②]。在镜头面前，自我需要注意自己的妆容、体貌、服装搭配，注意甚至设计自己的言行，以期符合或超越粉丝的期待。因此，马克·波斯特说"自我构建本身就变成了一项规划"[③]。

乡村带货直播中的农村青年男主播受到他人的凝视。身体是青年男主播自我形象的载体、商品体验的中介、是乡村形象的代言。农村青年男主播除了保持良好的自我形象外，要规划身体出现的场景，设计合适的台词以传达产品体验、引导消费。久而久之，在不断的表演操练中，农村青年男主播对身体的展现由最初的紧张、不熟练变得熟练、刻意甚至程式化。在一套熟练的身体装扮指南和沟通话术下，他们的身体从日常劳作的身体转变为数字空间的表演身体，野性、土味、淳朴的身体气质部分异化为欲望的身体。

可以发现，农村青年男主播的身体表演在乡村带货直播中发生着改

① 戈夫曼.日常生活中的自我呈现 [M].黄爱华，冯钢，译.杭州：浙江人民出版社，1989：24.

② 王超.奇观症候、日常化表演与交互主体性：直播和短视频中的身体表演 [J].新闻爱好者，2020（6）：68-71.

③ 马克·波斯特.第二媒介时代 [M].范静晔，译.南京：南京大学出版社，2000：107.

变，主播们对自我形象的规划从简单的妆容设计转变为"人设"打造。最初乡村直播中的身体，是劳动场景中勤劳质朴的原生态劳作身体，是记录乡村生活的淳朴身体，是直播间介绍产品的销售员形象。但为博取眼球，部分主播身体表演开始走向"奇异化"。一些异化的男性身体形象表演成为一道网络媒介景观。身体表演的目的是吸引关注、激发粉丝迷恋、幻想和狂热。他们"用一种精巧的操纵，用一种强烈自恋的、毫不动摇的戒律，包围自己的身体，使自己的身体成为诱惑的范式"①。"猛男"带货主播在短视频中展现着英俊帅气的脸庞、健硕发达的肌肉。借助竖屏影像和外拍场景，主播们放大身体的诱惑力，用身体和言语挑逗粉丝的欲望。

这类身体表演也受到平台的助推，一方面平台给予主播们身体表演的空间，另一方面平台的算法机制和监管宽容助推了主播们的身体表演。在某网红的短视频中，最初的人设是"霸总"，身着西服出现的场景包括乡村瓦舍、果园、仓库等，但账号反响平平。直到该主播在泳池赤裸上身，面挂水珠，让该账号一时间大火。而另一账号虽然建立较晚，但在身体表演方面更加直接和轻车熟路。网友评论他们掌握"流量密码"，可见，观众对身体的欲望需求、主播的主动迎合、短视频平台的算法逻辑，以及商业社会的市场逻辑四者合谋推动了带有欲望的身体表演。

（三）身体景观：消费社会中的身体消费

从电影开始，人们的身体开始作为一种符号和商品被生产与消费②。鲍德里亚指出，在消费的一整套装备中，有一种比其他所有的都更珍贵、美丽、光彩夺目的物品——它所负载的内涵比汽车还要多，这就是身体③。在消费社会中，身体俨然成为一种商品参与消费流通。除对女性身体的视觉消费外，男性身体也进入消费领域。荧幕上和手机界面中的男性身体影像是被观看、被欣赏、被消费和被占有的对象。

现代消费文化注重日常生活的审美呈现，人们将商品、服装、实践、体验、表情及身体姿态的独特聚合体，变成对自己个性的展示及对生活样式的感知④。乡村带货直播中农村青年男性的身体是粉丝欲望的投射、商

---

① 让·波德里亚. 象征交换与死亡 [M]. 车槿山，译. 南京：译林出版社，2009：149-150.

② 胡翼青，张军芳. 美国传播思想史 [M]. 上海：复旦大学出版社，2019：97.

③ 鲍德里亚. 消费社会 [M]. 刘成富，全志钢，译. 南京：南京大学出版社，2008：152.

④ 费瑟斯通. 消费文化与后现代主义 [M]. 刘精明，译. 上海：译林出版社，2000：126.

品体验的中介、消费生活的展示。一方面，主播的身体是商品，也是产品的体验中介。作为商品的身体，它是自然身体的拟像，是承载粉丝欲望、情感、需求的符号，在身体消费中交换意义；作为产品体验中介的身体，是产品的"模特"和"推销员"，身体展现着产品的外观、效果、体验，展示和推销一种生活方式。另一方面，主播的身体是主播的一种资本，参与主播的资本积累和资本再生产。粉丝通过观看、点赞、打赏、购物等一系列行为消费主播的身体，使主播人气和带货能力增加，具有更强的变现能力。

但区别于大众对明星身体的消费，粉丝对农村青年男主播的身体消费更加直接，关系更加亲密，体现出一种明目张胆的"偷窥"、"匿名"的挑逗、控制主播身体的快感。因此，在直播间和短视频中，身体、言语、评论、弹幕、点赞、礼物、打赏等形成一道主播与粉丝共创的身体媒介景观。在宏观层面，平台寻求用户增量造就了这一身体表演景观。随着短视频和直播平台间的竞争，乡村短视频赛道是重要的内容和用户增长点，各大平台对乡村"三农"内容进行流量扶持。如抖音借助"三农"短视频开拓下沉市场，快手孵化农业技术主播等。在微观层面，当主播身体被视为生产与消费流通中的一种资源或资本，对身体的控制、训练和设计受到市场逻辑的支配，也受到所属 MCN 机构的制约，主播需要使自己的外在形象、性格、人设等符合消费者需求。部分主播在内容生产中是无所不用其极地通过身体吸引眼球，或是暴露身体、言语挑逗引起注意，使得乡村直播媒介中的身体表演光怪陆离，"土味""自虐""低俗""审丑""性感"等身体表演与乡村文化构建目标相背离。

三、男主播身体表演对粉丝的情感补偿

围绕乡村带货直播中农村青年男主播的身体表演，主播和粉丝间通过符号互动模拟身体互动，主播以虚拟男友身份进行情感劳动，男主播的身体表演满足了粉丝的情感期待，起到"替代满足"和情感释放、社交想象的功能，对粉丝而言，一定程度上具有情感补偿价值。

（一）作为"富媒体"的直播：中介化媒介的情感补偿

董晨宇、丁依然讨论了人们如何突破技术的限制，创造性地运用符号、文字、绘文字和表情包等进行"补偿性"情感交流。相较于面对面交流，中介化交流不能实现肢体接触、亲吻等人际互动。但相较于写信、打

电话、发文字信息等方式，视频通话是"富媒体"，它在单位时间内传递的信息线索比较丰富①。因此，直播从这个角度而言是一种"富媒体"，虽然不能完全实现直接面对面的身体接触，但能较大程度通过虚拟方式还原身体面对面交往场景，包括竖屏的身体影像显示、身体距离感知缩短、镜头方位、语音实时交流、弹幕互动、比心、亲吻贴纸、礼物等一系列视觉感知、技术手段和符号表达，以此来表示和代替身体的接触、拥抱、亲吻等亲密情感互动，创造出具有参与性和沉浸感的感同身受，"补偿"生物身体的缺席，并实现"情感补偿"。

（二）"虚拟男友"人设：主播的情感劳动与"替代满足"

除技术手段外，农村青年男主播的虚拟男友人设一定程度上迎合了粉丝的情感需要。一方面，主播的虚拟男友人设是粉丝理想型男友（如体贴温柔颜值高）的投射，迎合粉丝的男友形象期待和想象；另一方面，与主播的在线互动可以在虚拟世界短暂脱离现实生活的孤单和情感空缺，提供情感补偿功能。农村青年男主播打造虚拟男友人设可以被视为一种情感劳动，他们在网络空间中扮演男友角色，对粉丝嘘寒问暖。这种虚拟男友人设是主播主动谋划或由 MCN 机构安排的，区别于明星的"男友"人设的距离感。农村青年男主播的虚拟男友人设具有亲近性，能够在一定程度上对粉丝起到情感的"替代满足"，主要表现在以下几点：

第一，虚拟男友人设的互动性。在直播间内，主播与粉丝能够实时互动，互动过程及时、顺畅，甚至伴随情侣间打情骂俏的暧昧互动。主播对粉丝的"宝宝""乖乖""亲亲"等昵称让互动具有亲密感，而粉丝在直播间内对主播提要求（秀腹肌、跳舞）则让粉丝感受到互动中的控制感，如有粉丝评论说"他们变着花样吸引我"。

第二，虚拟男友人设的丰富性。在这道媒介景观中，农村青年男主播们的虚拟男友人设区别于城市俗套的霸道总裁式"金钱男友力"，人设更加丰富，包括高颜值、好身材等。并且，人设与场景相互搭配，在直播和短视频中展现"温柔男友力"。这些丰富的人设满足了不同女性对不同类型理想男友的想象，实现粉丝的情感补偿，且交易成本低。在人设的情感补偿下，粉丝的情感满足转为情感宽容和行动支持。

第三，虚拟男友人设的陪伴性。在一定程度上，主播的定时和不定时

① 董晨宇，丁依然. 贫媒介、富使用：互联网中介化交往中的情感补偿 [J]. 新闻与写作，2018（9）：49-53.

直播起到了日常生活的陪伴功能。通过带货直播，男友不再是遥不可及的明星，生活不再是查无此人的孤单生活。农村青年男主播们的日常情感劳动生产着彼此的亲昵称呼、暧昧对话、虚拟身体互动和恋爱想象。在虚拟空间的陪伴下，粉丝们舒缓工作压力、排解情感苦闷、消解生活无聊，主播的情感劳动在情感流通中交换着情感意义。

（三）"快感"与狂欢：粉丝情感释放与社交想象

在娱乐文化时代，大众的快感主要"通过身体来运作"，并且"经由身体被体验或被表达"[①]，"快感既是一种生存动力，又是一种日常生存活动形态，还构成了产品和结局。[②]"一方面，主播在视频中"制造快感"，通过身体表达和表演关于视觉的、体验的、欲望的、快乐的诸多快感，对受众进行视觉刺激、情感抚慰。另一方面，粉丝通过观看身体表演得到"窥视"的视觉欲望快感，在参与式的文本生产中得到社交想象的快感。

一是"窥视"的快感让粉丝在观看和交流中释放生活中的压力和情绪。面对城市中快节奏的生活和竞争压力，很多网友缺乏倾诉对象，渴望有人陪伴，但他们在现实生活中缺乏情绪宣泄的出口。而他们在虚拟世界的匿名保护机制下，对他人身体表演的"窥视"和观感评价，以及通过轻微的言语冒犯和挑逗释放压抑的情感。

二是在参与式的文本生产中得到社交想象的快感。部分短视频以女友视角展开叙事，画面中只出现具体的男友形象，女友形象是隐身的，更容易让粉丝形成女友身份的代入想象和社交想象。如某网红的台词"今天就别走了哦，留下来跟我一起吃春见耙耙柑"。身体作为一种媒介连带着直播间中所集结的社会关系，并成为一个审美化和符号化的"象征资本"[③]。身体负载着主播与粉丝间的关系想象，粉丝自己运用社交想象生产自制视频，或在弹幕、评论里要求主播们直播连线，观看他们为获得礼物而相互竞争。有粉丝分别将两位网红称为"苹妃"和"柑妃"，将两位主播的直播 PK 称为"后宫争宠"，"苹妃美颜用得少，感觉更接地气更真实些，而且苹妃玩那些撩人套路的时候经常有点笨拙，反而更可爱"（网友评论）。

---

① 约翰·费斯克.理解大众文化 [M].王晓珏，宋伟杰，译.北京：中央编译出版社，2001：85.

② 弗雷德里克·詹姆逊.快感：文化与政治 [M].王逢振，译.北京：中国社会科学出版社，1998：150.

③ 吴震东.技术、身体与资本："微时代"网络直播的消费文化研究 [J].西南民族大学学报（人文社科版），2020（5）：170-177.

此外，景观化的身体、狂欢的情感交流也刺激了粉丝的消费欲望，而消费本身即是快感，形成购物的狂欢化。在购物的快感之中，乡村带货直播的消费综合了身体消费、情感消费和产品消费，可能带来消费中的身体表演异化并影响乡村文化构建。

四、乡村带货直播中身体表演的异化

在乡村带货直播中，农村青年男主播以身体实践参与乡村文化景观再造，以身体为媒介促进乡村与城市间的商品流通、信息交流和情感互动。但随着身体表演的奇异化、欲望化，身体表演对农产品本身、主播自身以及乡村文化都会造成异化。

（一）身体、情感的商品化与商品的道具化、情感化

在消费的逻辑下，带货直播中农村青年男主播的身体和情感劳动变成了商品，而商品（农产品）本身则转变为身体表演的道具和对主播表达情感支持的周边产品，或者说是身体商品的副产品。商品不是真正的消费品，身体才是。一方面，农产品的商品属性转变为道具属性，无论是被咬成心形的苹果还是被含在嘴里的柑橘，它们承载和表达着主播的人设和暧昧挑逗。另一方面，身体和恋爱情节表演是主要内容，农产品的本身特点介绍则降为次要宣传，购买农产品是为了支持主播，或通过购买产品实现情感关系的闭环想象。在该类带货直播中，乡村农产品的商品地位被异化，重要的不是农产品本身，而是身体表演。这可能导致商品在供销关系中的异常运转，如商品的品质被粉丝过度宽容、商品价格虚高、产品的突然火爆带来农户跟风种植和错误预期等。这种行为也可能导致农产品营销中，农产品企业、农户、乡镇等"走捷径"，忽视农业生产、农产品质量和农业品牌构建，只重视短期效益和"眼球效应"，最终损害农业的长期效益，不利于发展高质量农业。

（二）身体表演与自我主体性的丧失

在新媒体技术的赋权下，直播和短视频中的身体表演提升了农民群体的文化自信，发挥农民群体的主体性。但在经济利益和流量社会的规训下，身体展现滑向奇异化的身体表演，真诚情感沟通滑向程式化的情感劳动，加上缺少自我约束和外部组织约束，技术赋权下主播的主体性可能在被凝视和被操纵中丧失。一方面是自我对身体把握的主体性丧失，身体被自我视为参与社会交换的资本，从现实世界的身材管理到虚拟世界的虚拟

身体打造都主动或被动地迎合他者想象、城市想象；另一方面是他者对身体的控制，控制力量既有技术、消费社会、文化审美等规训力量，也有微观互动场域里的粉丝要求、交往（交易）法则等，自我身体的主体性在潜移默化的规训中走向异化。

（三）乡村文化的异化

乡村振兴的大背景下，一大批青年返乡就业、创业以及大学生群体反哺家乡，乡村"空心村"现象有所缓解。以中青年为代表的农民群体以手机作为"新农具"参与新时代乡村文化建设，促进了城乡融合与对话、农民群体与社会大众对话，并推进乡村文化再造。但标准化的文化产业模式一定程度上消解了乡村文化的丰富性，形成标准化、程式化、套路化的文化景观，这种景观可能抹杀乡村的个性。"在生活中，如果人们完全服从于景观的统治，逐步远离一切可能的切身体验，并由此越来越难以找到个人的喜好，那么这种状态无可避免地就会造成对个性的抹杀①。"短视频和直播作为展现和传播乡村文化的新媒体场域，过度的奇观化身体表演会异化乡村文化空间，造成乡村文化的同质。因此，在推进新媒体乡村文化生产中，要进一步培育挖掘乡土文化人才，培育农民文化自觉和文化自信，丰富乡村自媒体和乡村文化活动，拓宽内容题材，提高内容制作水平，挖掘农耕文化和民俗文化、非遗文化的价值，展现丰富多彩、真实厚重的乡村文化。

因此，当身体作为一种实践方式参与到乡村振兴和乡村文化再现中时，我们需要重视身体在乡村景观再造中的能动性。首先，带货直播作为乡村振兴的有效手段之一，主播的身体是农产品的体验中介和展现中介，主播是农产品的推销员和代言人，生动真实的身体展现能有效传播农产品，但要约束身体表演的奇观化。其次，农民主播以身体为手段展开媒介实践是农民群体主体性的体现，要挖掘真正有能力、有才气、有品德、有责任的人才参与到乡村文化新媒体内容创作中来，相关平台要给予流量扶持，但要防止资本的过度介入而异化乡村文化的媒介景观。最后，粉丝在观看身体表演和情感交流中要具备数字礼俗社会的交往礼仪，增强在现实生活中寻找充实感的勇气和信心。总之，乡村带货直播中的身体形象是农民形象和乡村景观的再现，要通过新媒体展现新时代的农民形象、推动构建美丽乡村。

---

① 居伊·德波. 景观社会［M］. 张新木，译. 南京：南京大学出版社，2017：11.

第四节　新媒体广告中的身体影像失范问题的治理

《广告法》第三条明确要求："广告应当真实、合法，以健康的表现形式表达广告内容，符合社会主义精神文明建设和弘扬中华民族优秀传统文化的要求。"部分新媒体广告发布者和制作者的价值观和文化审美出现问题，为了追求销量和业绩，通过色情、低俗、恶搞等方式展露身体，在身体的"流量"中迷失商业初心。新媒体广告中的身体影像失范导致身体的消费化、客体化和工具化，并对大众的身体审美观念产生了负面影响。笔者认为，可以从以下五个方面对新媒体广告中的身体影像示范问题进行治理：

一、尊重自我身体

在新媒体广告中，身体已经成为一种资本、一种影像素材，展露、炫耀身体已经成为"流量密码"。实际上，新媒体广告中，自我对身体的处置开始异化。面对流量社会的身体异化，身体影像的生产者和消费者都要重新审视自己对身体的处置方式，尊重自我身体，把身体健康和安全放在首位。新媒体广告的内容生产者要尊重自我身体，不能为博取"眼球"而做出过度节食、暴食、自虐等损害身体健康的行为，同时要向受众展示真实的身体，传达健康的生活观念。新媒体身体影像制造的网络虚拟环境常常让受众感到身材焦虑，进而采取不健康的身体管理办法，危害身体健康。因此，新媒体广告的受众应合理看待自我身体，学习科学健康的身体管理方法，树立多元的、积极的身材审美观念，重视自我对身体的主体性把握。

二、倡导多元审美

面对当前新媒体广告中的身体影像叙事，部分受众产生畸形审美，或追求极致瘦，或崇尚高颜值，或流连于"低俗"和"审丑"影像。广告从业者以及媒体应承担起自身的社会责任，倡导多元审美，使受众树立正确的价值观。第一，新媒体广告要呈现多样化的身体影像，展现多种身体审美，丰富大众的身体标准认知，引导合理的身体审美。第二，除了身体影像的视觉形象外，也应重视广告角色的人物形象塑造，展现广告人物的个性、情感、责任和健康消费观念等。第三，新媒体广告应丰富内容场景，展现不同年龄、性别、文化背景人物的多样化生活场景和社会环境，表达生命的多彩和生活方式的多样性。

三、加强行业自律

第一，广告行业协会及监管部门应制定一系列标准，对低俗营销、"擦边"营销、"审丑"营销等进行相对清晰的界定，同时制定相应的惩处办法。第二，广告行业协会和监管部门应加强监督检查，对通过低俗、庸俗的身体展示"搏出位"的广告行为予以纠正和处罚。第三，广告从业者应重视广告中身体影像的艺术化表现，身体影像传播应符合社会主流价值观，并引导社会健康审美趋势。第四，广告从业者应正确处理"身体展示"和"产品展示"之间的关系。尤其是在短视频广告和直播带货中，部分广告主和直播间带货主播，为刺激销量，采用"欲望诱导"策略引导消费者非理性"下单"，从而造成广告内容对产品的介绍时长不足、产品介绍不全面，甚至有意忽略产品关键信息，引起消费者误解。因此，广告从业者应正确处理二者关系，实现健康身体审美、产品实际价值宣传、品牌形象维护间的相互促进。

四、进行技术监测

新媒体广告的传播平台对平台内容有把关责任。如视频平台、短视频平台、直播电商平台等应加大平台内容的技术监测力度和人员审核力度。第一，加强人工智能技术对身体影像失范内容的监控和管理，包括对身体影像相关的图像识别、语音识别、文本识别等。如今日头条的"灵犬反低俗助手"支持用户对内容进行反低俗检测。第二，在算法推荐中增强对未成年人的保护，降低同质化身体影像内容的推荐频率，提高对具有审美性、知识性、趣味性广告内容的推荐，丰富平台内容。第三，加强对新媒体广告内容的评论信息智能化监测。如使用智能舆情工具实现对评论信息的自动监测，提取受众对低俗、"擦边"等内容的反馈，及时处理违规广告内容。

五、鼓励公众监督

公众普遍反对通过低俗的身体影像展开营销，这类广告内容违反社会公德和道德规范，会对社会产生不良影响。为了维护良好的网络环境和社会环境，应鼓励公众积极参与到对低俗、庸俗、恶搞、色情等身体影像的监督中来。第一，完善相关举报机制。公众可以通过各种渠道对违规身体影像内容进行举报，包括直接在视频平台和电商平台举报、通过社交媒体举报、向市场监管部门举报、向违法和不良信息举报中心等官方举报渠道举报等。第二，鼓励公众参与相关内容的话题讨论和治理建言。公众可以通过社交平台参与身体影像相关话题的讨论，发表自己的观点，提出治理建议等。这也有助于相关部门对身体影像性质（如某条视频的身体展示是否低俗）进行判断。第三，公众要在监督中提高对低俗身体营销的辨别能力。部分受众对低俗身体影像的辨别能力不强，不能识别其中可能存在的消费陷阱、欺诈骗局等。因此，鼓励公众监督有助于提高公众的审美意识和自我保护意识，有助于公众在接触新媒体广告内容时自觉抵制低俗身体营销。

参考文献

一、专著

［1］凯斯·桑斯. 信息乌托邦：众人如何产生知识［M］. 北京：法律出版社，2008.

［2］张新宝. 隐私权的法律保护［M］. 2版. 北京：群众出版社，2004.

［3］路易斯·D. 布兰代斯. 隐私权［M］. 宦盛奎，译，北京：北京大学出版社，2014.

［4］费孝通. 乡土中国［M］. 南京：江苏文艺出版社，2007.

［5］卓泽渊. 法的价值论［M］. 北京：法律出版社，2006.

［6］尹世杰. 当代消费经济辞典［M］. 成都：西南财经大学出版社，1991.

［7］赵津晶. 我国商业广告中的消费主义文化研究［M］. 武汉：华中科技大学出版社，2012.

［8］鲍德里亚. 物体系［M］. 林志明，译. 上海：上海人民出版社，2001.

［9］波德里亚. 消费社会［M］. 刘成富，全志钢，译. 南京：南京大学出版社，2000.

［10］罗钢，王中忱. 消费文化读本［M］. 北京：中国社会科学出版社，2003.

［11］莱斯理·斯克莱尔. 全球体系的社会学［M］. 合杰，译. 长春：吉林人民出版社，1998.

［12］陈昕. 救赎与消费：当代中国日常生活中的消费主义［M］. 南京：江苏人民出版社，2003.

［13］黑格尔. 哲学史讲演录（第3卷）［M］. 北京：商务印书馆，1960.

[14] 约翰·梅纳德·凯恩斯. 就业、利息和货币通论（重译本）[M]. 北京：商务印书馆，1994.

[15] 弗洛姆. 占有还是生存 [M]. 关山，译. 北京：生活·读书·新知三联书店，1988.

[16] 弗洛姆. 健全的社会 [M]. 欧阳谦，译. 北京：中国文联出版公司，1988.

[17] 弗洛姆. 精神分析的危机 [M]. 许俊达，等，译. 北京：国际文化出版公司，1988.

[18] 费瑟斯通. 消费文化与后现代主义 [M]. 刘精明，译. 南京：译林出版社，2000.

[19] 阿尔温·托夫勒. 第三次浪潮 [M]. 朱志焱，译. 北京：三联书店，1984.

[20] 赫伯特·马尔库塞. 单向度的人 [M]. 刘继，译. 上海：上海译文出版社，2006.

[21] 罗兰·巴特. 明室 [M]. 赵克非，译. 北京：文化艺术出版社，2003.

[22] 本·阿格尔. 西方马克思主义概论 [M]. 慎之，等译. 北京：中国人民大学出版社，1991.

[23] 戈夫曼. 日常生活中的自我呈现 [M]. 黄爱华，冯钢，译. 杭州：浙江人民出版社，1989.

[24] 马克·波斯特. 第二媒介时代 [M]. 范静晔，译. 南京：南京大学出版社，2000.

[25] 让·波德里亚. 象征交换与死亡 [M]. 车槿山译. 南京：译林出版社，2009.

[26] 胡翼青，张军芳. 美国传播思想史 [M]. 上海：复旦大学出版社，2019.

[27] 约翰·费斯克. 理解大众文化 [M]. 王晓珏，宋伟杰，译. 北京：中央编译出版社，2001.

[28] 弗雷德里克·詹姆逊. 快感：文化与政治 [M]. 王逢振，译. 北京：中国社会科学出版社，1998.

[29] 赵国栋，易欢欢，糜万军，等. 大数据时代的历史机遇：产业变革与数据科学 [M]. 北京：清华大学出版社，2013.

二、期刊论文

［1］朱伟珏. 消费社会与自恋主义：一种批判性的视角［J］. 社会科学，2013（9）：62-71.

［2］陶东风. 消费文化语境中的身体美学［J］. 马克思主义与现实，2010（2）：27-34.

［3］余富强，胡鹏辉. 拟真、身体与情感：消费社会中的网络直播探析［J］. 中国青年研究，2018（7）：5-12，32.

［4］李原. 物质主义价值观与幸福感和人际信任的关系研究［J］. 华中师范大学学报（人文社会科学版），2014，53（6）：175.

［5］吴震东. 技术、身体与资本："微时代"网络直播的消费文化研究［J］. 西南民族大学学报（人文社科版），2020（5）：170-177.

［6］薛孚，陈红兵. 大数据隐私伦理问题探究［J］. 自然辩证法研究［J］. 2015（2）：44-48.

［7］刘德良. 隐私与隐私权问题研究［J］. 社会科学，2003（8）：51-58.

［8］甘绍平. 论消费伦理：从自我生活的时代谈起［J］. 天津社会科学，2000（2）：6.

［9］崔斌箴. 论广告的道德负面影响及其规范［J］. 上海大学学报（社会科学版），2003（5）：99-103.

［10］郭静，陈正辉. 均衡发展，实现义利统一：广告主在构建广告伦理规范中的责任研究［J］. 广告大观（理论版），2007（1）：54-59.

［11］陈培爱. 中华传统文化与广告伦理探析［J］. 山西大学学报（哲学社会科学版），2007（3）：125-131.

［12］朱莹，许喜华. 从伦理学角度看广告设计［J］. 包装工程，2007（3）：144-145，170.

［13］程士安，章燕. 广告伦理研究体系的构建基础［J］. 新闻大学，2008（4）：120-125.

［14］徐鸣，李建华. 商业广告的伦理缺失及其反思［J］. 伦理学研究，2013（3）：106-109.

［15］高嘉琪，解学芳. 数智时代广告产业的伦理审视及治理路径［J］. 郑州大学学报（哲学社会科学版），2023，56（2）：116-121，128.

[16] 王超. 奇观症候、日常化表演与交互主体性：直播和短视频中的身体表演 [J]. 新闻爱好者, 2020 (6)：68-71.

[17] 于洪专. 社会治理视角下探析短视频广告的治理策略 [J]. 声屏世界, 2021 (1)：69-70.

[18] 罗家稷, 吴嘉萍, 黄洪珍. 短视频广告的侵权形式与治理策略 [J]. 青年记者, 2021 (17)：73-75.

[19] 冼卓桑. 新媒体时代短视频广告的传播逻辑与优化策略 [J]. 盐城工学院学报（社会科学版）, 2023, 36 (2)：85-88.

[20] 余露, 陈若水. 网红直播带货的伦理审视 [J]. 云梦学刊, 2021, 42 (3)：75-82.

[21] 蒋诗语, 付雨凡. 直播带货视角下的商业伦理研究 [J]. 现代营销（下旬刊）, 2021 (3)：170-172.

[22] 李垚. 电商行业"直播带货"的商业伦理体系构建 [J]. 产业创新研究, 2023 (9)：100-102.

[23] 李森. 数字经济时代网红直播带货的伦理风险与治理之道 [J]. 沈阳干部学刊, 2023 (3)：33-37.

[24] 李德团, 杨先顺. 微信朋友圈广告的伦理审视 [J]. 学习与实践, 2018 (6)：133-140.

[25] 廖秉宜, 姚金铭, 余梦莎. 智能媒体的伦理风险与规制路径创新 [J]. 中国编辑, 2021 (2)：29-34.

[26] 蔡立媛, 周慧. 人工智能广告的"时空侵犯"伦理危机 [J]. 青年记者, 2019 (15)：91-92.

[27] 李名亮. 智能广告信息伦理风险与核心议题研究 [J]. 新闻与传播评论, 2020 (1)：76-84.

[28] 王波伟, 张淑燕. 基于人本主义取向的智能广告逻辑进路与省思 [J]. 编辑之友, 2023 (2)：92-98.

[29] 杨先顺, 李婷. 智能广告的技术伦理风险及其治理新探 [J]. 武汉大学学报（哲学社会科学版）, 2023 (3)：100-110.

[30] 康瑾. 原生广告的概念、属性与问题 [J]. 现代传播（中国传媒大学学报）, 2015 (3)：112-118.

[31] 黄海珠, 史新燕. 大数据时代原生广告的伦理冲突 [J]. 青年记者, 2017 (32)：17-18.

［32］常明芝. 原生广告存在的伦理问题及解决方案［J］. 青年记者, 2018（8）：18-19.

［33］周明轩. 智能逻辑下信息流广告投放策略及其产生的伦理问题分析［J］. 商展经济, 2022（12）：63-65.

［34］吕铠, 钱广贵. 广告内容化的传播伦理困境与协同治理［J］. 当代传播, 2022（1）：100-102, 112.

［35］杨先顺, 郭芳怡. 互联网语境下噱头式广告的伦理问题［J］. 青年记者, 2017（29）：23-24.

［36］段淳林, 杨恒. 数据、模型与决策：计算广告的发展与流变［J］. 新闻大学, 2018（1）：128-136, 154.

［37］刘志琳, 郭松. 数字化时代短视频平台信息流广告的传播研究［J］. 传媒, 2023（11）：77-79.

［38］匡文波. 2006 新媒体发展回顾［J］. 中国记者, 2007（1）：76-77.

［39］刘满星. 短视频广告的传播困境及应对策略［J］. 新闻世界. 2021（10）：26-29.

［40］刘文帅. "土味文化"传播研究：基于讲好乡村中国故事的视角［J］. 社会科学研究. 2021（6）：186-196.

［41］周懿瑾, 陈嘉卉. 社会化媒体时代的内容营销：概念初探与研究展望［J］. 外国经济与管理, 2013, 35（6）：12.

［42］孙丽燕. 社会网络理论视角下的自媒体广告传播研究［J］. 新媒体研究, 2019, 5（22）：13.

［43］王卫兵. "流量至上"宰制下网红经济的伦理反思与引导路径［J］. 理论导刊. 2022（10）：75-80.

［44］安宝洋. 大数据时代的网络信息伦理治理研究［J］. 科学学研究, 2015（5）：641.

［45］李燊, 郑小艳, 王开琴, 等. 大数据视角下智能营销［J］. 互联网周刊. 2023（1）：77-79.

［46］王浩宇, 孙启明, 胡凯. 信令大数据技术在精准营销中的应用［J］. 北京邮电大学学报（社会科学版）, 2016, 18（4）：70-76.

［47］胡萌萌. "大数据杀熟"背后精准营销的社会伦理失范问题探析［J］. 北京经济管理职业学院学报. 2019, 34（1）：23-27, 46.

［48］李飞翔.“大数据杀熟”背后的伦理审思、治理与启示［J］.东北大学学报（社会科学版），2020，22（1）：7-15.

［49］李伦.“楚门效应”：数据巨机器的“意识形态”：数据主义与基于权利的数据伦理［J］.探索与争鸣，2018（5）：29-31.

［50］汤丹.消费主义价值观的伦理审视［J］.现代妇女（下旬），2013（10）：173-174.

［51］杨洸.数字媒体时代的数据滥用：成因、影响与对策［J］.中国出版，2020（12）：3-8.

［52］孙善微.大数据背景下价格欺诈行为的法律规制：以大数据“杀熟”为例［J］.北方经贸，2018（7）：51-52.

［53］廖建凯.“大数据杀熟”法律规制的困境与出路：从消费者的权利保护到经营者算法权力治理［J］.西南政法大学学报，2020（1）：70-82.

［54］周围.人工智能时代个性化定价算法的反垄断法规制［J］.武汉大学学报（哲学社会科学版），2021，74（1）：108-120.

［55］汪淑娟.消费主义的伦理困境及其超越［J］.吉首大学学报（社会科学版），2020，41（6）：145-151.

［56］刘湘溶，徐新.消费的伦理与伦理的消费［J］.湖南师范大学社会科学学报，2011（2）：22-25.

三、学位论文

［1］杨胜蓝.广告活动中伦理失范问题及对策研究［D］.武汉：武汉理工大学，2010.

［2］谭子娣.当前广告伦理失范的原因分析及其对策研究［D］.广州：中共广东省委党校，2013.

［3］周蕾.新媒体广告的社会责任缺失问题研究［D］.哈尔滨：东北农业大学，2015.

［4］王昕昀.网络营销的伦理问题与对策研究［D］.南京：南京师范大学，2020.

［5］白玉洁.短视频传播中的伦理失范与应对研究［D］.南京：南京师范大学，2020.

［6］刘志勇.大数据背景下电商平台的数据伦理问题及应对措施［D］.新乡河南师范大学，2024.

［7］李之彤. 直播电商受众"饭圈化"的困局与治理对策［D］. 济南：山东师范大学, 2023.

［8］鄢佳佳. 我国自媒体广告失范行为及其法律规制研究［D］. 南昌：南昌大学, 2019.

［9］谭蓬. 我国自媒体广告监管研究［D］. 乌鲁木齐：新疆大学, 2020.

［10］冯雅菲. 技术范式下智能广告隐私伦理问题研究［D］. 广州：华南理工大学, 2022.

［11］柏茹慧. 互联网语境下中国原生广告伦理问题研究［D］. 武汉：武汉理工大学, 2019.

［12］文玉花. 抖音短视频原生广告研究［D］. 湘潭：湘潭大学, 2021.

［13］姚丽媛. 计算广告的伦理失范问题与优化路径研究［D］. 上海：华东政法大学, 2022.

［14］冯颖. 网络弹窗广告失范与规范研究［D］. 重庆：西南政法大学, 2020.

［15］李姮柔. 关于弹窗广告道德失范现象研究［D］. 沈阳：沈阳工业大学, 2022.

［16］王愉斐. 视频信息流广告问题与对策研究［D］. 杭州：浙江传媒学院, 2019.

［17］李国宇. 大数据时代背景下的隐私权问题研究［D］. 上海：复旦大学, 2014.

［18］王璜. 广告伦理缺失现象及其对策［D］. 南京：南京师范大学, 2009.

四、研究报告

［1］前瞻产业研究院：中国互联网广告行业市场前瞻与投资战略规划分析报告.

［2］观研数据中心：中国短视频行业现状深度分析与投资前景预测报告（2023—2030 年）

［3］CNNIC：第 51 次中国互联网络发展状况统计报告

［4］艾媒咨询：2023 年中国短视频行业市场运行状况监测报告

［5］艾瑞咨询. 中国网络广告年度洞察报告：产业篇（2021 年）

［6］前瞻产业研究院：2023 年中国短视频行业全景图谱

［7］易观：2023 年中国直播电商发展洞察

［8］淘宝直播：2022 直播电商白皮书

［9］中国消费者协会：直播电商购物消费者满意度在线调查报告

［10］中国广告协会：网络直播营销行为规范

［11］CNNIC：社会大事件与网络媒体影响力研究报告

［12］腾讯研究院，腾讯新闻，腾讯区域业务部：中国自媒体商业化报告：芒种过后是秋收

［13］中国信息通信研究院：大数据白皮书（2019）

附　录

附录1　中华人民共和国广告法

（1994年10月27日第八届全国人民代表大会常务委员会第十次会议通过　2015年4月24日第十二届全国人民代表大会常务委员会第十四次会议修订　根据2018年10月26日第十三届全国人民代表大会常务委员会第六次会议《关于修改〈中华人民共和国野生动物保护法〉等十五部法律的决定》第一次修正　根据2021年4月29日第十三届全国人民代表大会常务委员会第二十八次会议《关于修改〈中华人民共和国道路交通安全法〉等八部法律的决定》第二次修正）

目　录

第一章　总　则

第一条　为了规范广告活动，保护消费者的合法权益，促进广告业的健康发展，维护社会经济秩序，制定本法。

第二条　在中华人民共和国境内，商品经营者或者服务提供者通过一定媒介和形式直接或者间接地介绍自己所推销的商品或者服务的商业广告活动,适用本法。

本法所称广告主,是指为推销商品或者服务,自行或者委托他人设计、制作、发布广告的自然人、法人或者其他组织。

本法所称广告经营者,是指接受委托提供广告设计、制作、代理服务的自然人、法人或者其他组织。

本法所称广告发布者,是指为广告主或者广告主委托的广告经营者发布广告的自然人、法人或者其他组织。

本法所称广告代言人,是指广告主以外的,在广告中以自己的名义或者形象对商品、服务作推荐、证明的自然人、法人或者其他组织。

第三条　广告应当真实、合法,以健康的表现形式表达广告内容,符合社会主义精神文明建设和弘扬中华民族优秀传统文化的要求。

第四条　广告不得含有虚假或者引人误解的内容,不得欺骗、误导消费者。

广告主应当对广告内容的真实性负责。

第五条　广告主、广告经营者、广告发布者从事广告活动,应当遵守法律、法规,诚实信用,公平竞争。

第六条　国务院市场监督管理部门主管全国的广告监督管理工作,国务院有关部门在各自的职责范围内负责广告管理相关工作。

县级以上地方市场监督管理部门主管本行政区域的广告监督管理工作,县级以上地方人民政府有关部门在各自的职责范围内负责广告管理相关工作。

第七条　广告行业组织依照法律、法规和章程的规定,制定行业规范,加强行业自律,促进行业发展,引导会员依法从事广告活动,推动广告行业诚信建设。

第二章　广告内容准则

第八条　广告中对商品的性能、功能、产地、用途、质量、成分、价格、生产者、有效期限、允诺等或者对服务的内容、提供者、形式、质量、价格、允诺等有表示的,应当准确、清楚、明白。

广告中表明推销的商品或者服务附带赠送的,应当明示所附带赠送商品或者服务的品种、规格、数量、期限和方式。

法律、行政法规规定广告中应当明示的内容,应当显著、清晰表示。

第九条　广告不得有下列情形：

（一）使用或者变相使用中华人民共和国的国旗、国歌、国徽，军旗、军歌、军徽；

（二）使用或者变相使用国家机关、国家机关工作人员的名义或者形象；

（三）使用"国家级"、"最高级"、"最佳"等用语；

（四）损害国家的尊严或者利益，泄露国家秘密；

（五）妨碍社会安定，损害社会公共利益；

（六）危害人身、财产安全，泄露个人隐私；

（七）妨碍社会公共秩序或者违背社会良好风尚；

（八）含有淫秽、色情、赌博、迷信、恐怖、暴力的内容；

（九）含有民族、种族、宗教、性别歧视的内容；

（十）妨碍环境、自然资源或者文化遗产保护；

（十一）法律、行政法规规定禁止的其他情形。

第十条　广告不得损害未成年人和残疾人的身心健康。

第十一条　广告内容涉及的事项需要取得行政许可的，应当与许可的内容相符合。

广告使用数据、统计资料、调查结果、文摘、引用语等引证内容的，应当真实、准确，并表明出处。引证内容有适用范围和有效期限的，应当明确表示。

第十二条　广告中涉及专利产品或者专利方法的，应当标明专利号和专利种类。

未取得专利权的，不得在广告中谎称取得专利权。

禁止使用未授予专利权的专利申请和已经终止、撤销、无效的专利作广告。

第十三条　广告不得贬低其他生产经营者的商品或者服务。

第十四条　广告应当具有可识别性，能够使消费者辨明其为广告。

大众传播媒介不得以新闻报道形式变相发布广告。通过大众传播媒介发布的广告应当显著标明"广告"，与其他非广告信息相区别，不得使消费者产生误解。

广播电台、电视台发布广告，应当遵守国务院有关部门关于时长、方式的规定，并应当对广告时长作出明显提示。

第十五条　麻醉药品、精神药品、医疗用毒性药品、放射性药品等特殊药品，药品类易制毒化学品，以及戒毒治疗的药品、医疗器械和治疗方法，不得作广告。

前款规定以外的处方药，只能在国务院卫生行政部门和国务院药品监督管理部门共同指定的医学、药学专业刊物上作广告。

第十六条　医疗、药品、医疗器械广告不得含有下列内容：

（一）表示功效、安全性的断言或者保证；

（二）说明治愈率或者有效率；

（三）与其他药品、医疗器械的功效和安全性或者其他医疗机构比较；

（四）利用广告代言人作推荐、证明；

（五）法律、行政法规规定禁止的其他内容。

药品广告的内容不得与国务院药品监督管理部门批准的说明书不一致，并应当显著标明禁忌、不良反应。处方药广告应当显著标明"本广告仅供医学药学专业人士阅读"，非处方药广告应当显著标明"请按药品说明书或者在药师指导下购买和使用"。

推荐给个人自用的医疗器械的广告，应当显著标明"请仔细阅读产品说明书或者在医务人员的指导下购买和使用"。医疗器械产品注册证明文件中有禁忌内容、注意事项的，广告中应当显著标明"禁忌内容或者注意事项详见说明书"。

第十七条　除医疗、药品、医疗器械广告外，禁止其他任何广告涉及疾病治疗功能，并不得使用医疗用语或者易使推销的商品与药品、医疗器械相混淆的用语。

第十八条　保健食品广告不得含有下列内容：

（一）表示功效、安全性的断言或者保证；

（二）涉及疾病预防、治疗功能；

（三）声称或者暗示广告商品为保障健康所必需；

（四）与药品、其他保健食品进行比较；

（五）利用广告代言人作推荐、证明；

（六）法律、行政法规规定禁止的其他内容。

保健食品广告应当显著标明"本品不能代替药物"。

第十九条　广播电台、电视台、报刊音像出版单位、互联网信息服务提供者不得以介绍健康、养生知识等形式变相发布医疗、药品、医疗器械、保健食品广告。

第二十条　禁止在大众传播媒介或者公共场所发布声称全部或者部分替代母乳的婴儿乳制品、饮料和其他食品广告。

第二十一条　农药、兽药、饲料和饲料添加剂广告不得含有下列内容：

（一）表示功效、安全性的断言或者保证；

（二）利用科研单位、学术机构、技术推广机构、行业协会或者专业人士、用户的名义或者形象作推荐、证明；

（三）说明有效率；

（四）违反安全使用规程的文字、语言或者画面；

（五）法律、行政法规规定禁止的其他内容。

第二十二条　禁止在大众传播媒介或者公共场所、公共交通工具、户外发布烟草广告。禁止向未成年人发送任何形式的烟草广告。

禁止利用其他商品或者服务的广告、公益广告，宣传烟草制品名称、商标、包装、装潢以及类似内容。

烟草制品生产者或者销售者发布的迁址、更名、招聘等启事中，不得含有烟草制品名称、商标、包装、装潢以及类似内容。

第二十三条　酒类广告不得含有下列内容：

（一）诱导、怂恿饮酒或者宣传无节制饮酒；

（二）出现饮酒的动作；

（三）表现驾驶车、船、飞机等活动；

（四）明示或者暗示饮酒有消除紧张和焦虑、增加体力等功效。

第二十四条　教育、培训广告不得含有下列内容：

（一）对升学、通过考试、获得学位学历或者合格证书，或者对教育、培训的效果作出明示或者暗示的保证性承诺；

（二）明示或者暗示有相关考试机构或者其工作人员、考试命题人员参与教育、培训；

（三）利用科研单位、学术机构、教育机构、行业协会、专业人士、受益者的名义或者形象作推荐、证明。

第二十五条　招商等有投资回报预期的商品或者服务广告，应当对可能存在的风险以及风险责任承担有合理提示或者警示，并不得含有下列内容：

（一）对未来效果、收益或者与其相关的情况作出保证性承诺，明示或者暗示保本、无风险或者保收益等，国家另有规定的除外；

（二）利用学术机构、行业协会、专业人士、受益者的名义或者形象作推荐、证明。

第二十六条　房地产广告，房源信息应当真实，面积应当表明为建筑面积或者套内建筑面积，并不得含有下列内容：

（一）升值或者投资回报的承诺；

（二）以项目到达某一具体参照物的所需时间表示项目位置；

（三）违反国家有关价格管理的规定；

（四）对规划或者建设中的交通、商业、文化教育设施以及其他市政条件作误导宣传。

第二十七条　农作物种子、林木种子、草种子、种畜禽、水产苗种和种养殖广告关于品种名称、生产性能、生长量或者产量、品质、抗性、特殊使用价值、经济价值、适宜种植或者养殖的范围和条件等方面的表述应当真实、清楚、明白，并不得含有下列内容：

（一）作科学上无法验证的断言；

（二）表示功效的断言或者保证；

（三）对经济效益进行分析、预测或者作保证性承诺；

（四）利用科研单位、学术机构、技术推广机构、行业协会或者专业人士、用户的名义或者形象作推荐、证明。

第二十八条　广告以虚假或者引人误解的内容欺骗、误导消费者的，构成虚假广告。

广告有下列情形之一的，为虚假广告：

（一）商品或者服务不存在的；

（二）商品的性能、功能、产地、用途、质量、规格、成分、价格、生产者、有效期限、销售状况、曾获荣誉等信息，或者服务的内容、提供者、形式、质量、价格、销售状况、曾获荣誉等信息，以及与商品或者服务有关的允诺等信息与实际情况不符，对购买行为有实质性影响的；

（三）使用虚构、伪造或者无法验证的科研成果、统计资料、调查结果、文摘、引用语等信息作证明材料的；

（四）虚构使用商品或者接受服务的效果的；

（五）以虚假或者引人误解的内容欺骗、误导消费者的其他情形。

第三章 广告行为规范

第二十九条 广播电台、电视台、报刊出版单位从事广告发布业务的，应当设有专门从事广告业务的机构，配备必要的人员，具有与发布广告相适应的场所、设备。

第三十条 广告主、广告经营者、广告发布者之间在广告活动中应当依法订立书面合同。

第三十一条 广告主、广告经营者、广告发布者不得在广告活动中进行任何形式的不正当竞争。

第三十二条 广告主委托设计、制作、发布广告，应当委托具有合法经营资格的广告经营者、广告发布者。

第三十三条 广告主或者广告经营者在广告中使用他人名义或者形象的，应当事先取得其书面同意；使用无民事行为能力人、限制民事行为能力人的名义或者形象的，应当事先取得其监护人的书面同意。

第三十四条 广告经营者、广告发布者应当按照国家有关规定，建立、健全广告业务的承接登记、审核、档案管理制度。

广告经营者、广告发布者依据法律、行政法规查验有关证明文件，核对广告内容。对内容不符或者证明文件不全的广告，广告经营者不得提供设计、制作、代理服务，广告发布者不得发布。

第三十五条 广告经营者、广告发布者应当公布其收费标准和收费办法。

第三十六条 广告发布者向广告主、广告经营者提供的覆盖率、收视率、点击率、发行量等资料应当真实。

第三十七条 法律、行政法规规定禁止生产、销售的产品或者提供的服务，以及禁止发布广告的商品或者服务，任何单位或者个人不得设计、制作、代理、发布广告。

第三十八条 广告代言人在广告中对商品、服务作推荐、证明，应当依据事实，符合本法和有关法律、行政法规规定，并不得为其未使用过的商品或者未接受过的服务作推荐、证明。

不得利用不满十周岁的未成年人作为广告代言人。

对在虚假广告中作推荐、证明受到行政处罚未满三年的自然人、法人或者其他组织，不得利用其作为广告代言人。

第三十九条　不得在中小学校、幼儿园内开展广告活动，不得利用中小学生和幼儿的教材、教辅材料、练习册、文具、教具、校服、校车等发布或者变相发布广告，但公益广告除外。

第四十条　在针对未成年人的大众传播媒介上不得发布医疗、药品、保健食品、医疗器械、化妆品、酒类、美容广告，以及不利于未成年人身心健康的网络游戏广告。

针对不满十四周岁的未成年人的商品或者服务的广告不得含有下列内容：

（一）劝诱其要求家长购买广告商品或者服务；

（二）可能引发其模仿不安全行为。

第四十一条　县级以上地方人民政府应当组织有关部门加强对利用户外场所、空间、设施等发布户外广告的监督管理，制定户外广告设置规划和安全要求。

户外广告的管理办法，由地方性法规、地方政府规章规定。

第四十二条　有下列情形之一的，不得设置户外广告：

（一）利用交通安全设施、交通标志的；

（二）影响市政公共设施、交通安全设施、交通标志、消防设施、消防安全标志使用的；

（三）妨碍生产或者人民生活，损害市容市貌的；

（四）在国家机关、文物保护单位、风景名胜区等的建筑控制地带，或者县级以上地方人民政府禁止设置户外广告的区域设置的。

第四十三条　任何单位或者个人未经当事人同意或者请求，不得向其住宅、交通工具等发送广告，也不得以电子信息方式向其发送广告。

以电子信息方式发送广告的，应当明示发送者的真实身份和联系方式，并向接收者提供拒绝继续接收的方式。

第四十四条　利用互联网从事广告活动，适用本法的各项规定。

利用互联网发布、发送广告，不得影响用户正常使用网络。在互联网页面以弹出等形式发布的广告，应当显著标明关闭标志，确保一键关闭。

第四十五条　公共场所的管理者或者电信业务经营者、互联网信息服务提供者对其明知或者应知的利用其场所或者信息传输、发布平台发送、发布违法广告的，应当予以制止。

第四章 监督管理

第四十六条 发布医疗、药品、医疗器械、农药、兽药和保健食品广告，以及法律、行政法规规定应当进行审查的其他广告，应当在发布前由有关部门（以下称广告审查机关）对广告内容进行审查；未经审查，不得发布。

第四十七条 广告主申请广告审查，应当依照法律、行政法规向广告审查机关提交有关证明文件。

广告审查机关应当依照法律、行政法规规定作出审查决定，并应当将审查批准文件抄送同级市场监督管理部门。广告审查机关应当及时向社会公布批准的广告。

第四十八条 任何单位或者个人不得伪造、变造或者转让广告审查批准文件。

第四十九条 市场监督管理部门履行广告监督管理职责，可以行使下列职权：

（一）对涉嫌从事违法广告活动的场所实施现场检查；

（二）询问涉嫌违法当事人或者其法定代表人、主要负责人和其他有关人员，对有关单位或者个人进行调查；

（三）要求涉嫌违法当事人限期提供有关证明文件；

（四）查阅、复制与涉嫌违法广告有关的合同、票据、账簿、广告作品和其他有关资料；

（五）查封、扣押与涉嫌违法广告直接相关的广告物品、经营工具、设备等财物；

（六）责令暂停发布可能造成严重后果的涉嫌违法广告；

（七）法律、行政法规规定的其他职权。

市场监督管理部门应当建立健全广告监测制度，完善监测措施，及时发现和依法查处违法广告行为。

第五十条 国务院市场监督管理部门会同国务院有关部门，制定大众传播媒介广告发布行为规范。

第五十一条 市场监督管理部门依照本法规定行使职权，当事人应当协助、配合，不得拒绝、阻挠。

第五十二条 市场监督管理部门和有关部门及其工作人员对其在广告

监督管理活动中知悉的商业秘密负有保密义务。

第五十三条　任何单位或者个人有权向市场监督管理部门和有关部门投诉、举报违反本法的行为。市场监督管理部门和有关部门应当向社会公开受理投诉、举报的电话、信箱或者电子邮件地址，接到投诉、举报的部门应当自收到投诉之日起七个工作日内，予以处理并告知投诉、举报人。

市场监督管理部门和有关部门不依法履行职责的，任何单位或者个人有权向其上级机关或者监察机关举报。接到举报的机关应当依法作出处理，并将处理结果及时告知举报人。

有关部门应当为投诉、举报人保密。

第五十四条　消费者协会和其他消费者组织对违反本法规定，发布虚假广告侵害消费者合法权益，以及其他损害社会公共利益的行为，依法进行社会监督。

第五章　法律责任

第五十五条　违反本法规定，发布虚假广告的，由市场监督管理部门责令停止发布广告，责令广告主在相应范围内消除影响，处广告费用三倍以上五倍以下的罚款，广告费用无法计算或者明显偏低的，处二十万元以上一百万元以下的罚款；两年内有三次以上违法行为或者有其他严重情节的，处广告费用五倍以上十倍以下的罚款，广告费用无法计算或者明显偏低的，处一百万元以上二百万元以下的罚款，可以吊销营业执照，并由广告审查机关撤销广告审查批准文件、一年内不受理其广告审查申请。

医疗机构有前款规定违法行为，情节严重的，除由市场监督管理部门依照本法处罚外，卫生行政部门可以吊销诊疗科目或者吊销医疗机构执业许可证。

广告经营者、广告发布者明知或者应知广告虚假仍设计、制作、代理、发布的，由市场监督管理部门没收广告费用，并处广告费用三倍以上五倍以下的罚款，广告费用无法计算或者明显偏低的，处二十万元以上一百万元以下的罚款；两年内有三次以上违法行为或者有其他严重情节的，处广告费用五倍以上十倍以下的罚款，广告费用无法计算或者明显偏低的，处一百万元以上二百万元以下的罚款，并可以由有关部门暂停广告发布业务、吊销营业执照。

广告主、广告经营者、广告发布者有本条第一款、第三款规定行为，构成犯罪的，依法追究刑事责任。

第五十六条 违反本法规定，发布虚假广告，欺骗、误导消费者，使购买商品或者接受服务的消费者的合法权益受到损害的，由广告主依法承担民事责任。广告经营者、广告发布者不能提供广告主的真实名称、地址和有效联系方式的，消费者可以要求广告经营者、广告发布者先行赔偿。

关系消费者生命健康的商品或者服务的虚假广告，造成消费者损害的，其广告经营者、广告发布者、广告代言人应当与广告主承担连带责任。

前款规定以外的商品或者服务的虚假广告，造成消费者损害的，其广告经营者、广告发布者、广告代言人，明知或者应知广告虚假仍设计、制作、代理、发布或者作推荐、证明的，应当与广告主承担连带责任。

第五十七条 有下列行为之一的，由市场监督管理部门责令停止发布广告，对广告主处二十万元以上一百万元以下的罚款，情节严重的，并可以吊销营业执照，由广告审查机关撤销广告审查批准文件、一年内不受理其广告审查申请；对广告经营者、广告发布者，由市场监督管理部门没收广告费用，处二十万元以上一百万元以下的罚款，情节严重的，并可以吊销营业执照：

（一）发布有本法第九条、第十条规定的禁止情形的广告的；

（二）违反本法第十五条规定发布处方药广告、药品类易制毒化学品广告、戒毒治疗的医疗器械和治疗方法广告的；

（三）违反本法第二十条规定，发布声称全部或者部分替代母乳的婴儿乳制品、饮料和其他食品广告的；

（四）违反本法第二十二条规定发布烟草广告的；

（五）违反本法第三十七条规定，利用广告推销禁止生产、销售的产品或者提供的服务，或者禁止发布广告的商品或者服务的；

（六）违反本法第四十条第一款规定，在针对未成年人的大众传播媒介上发布医疗、药品、保健食品、医疗器械、化妆品、酒类、美容广告，以及不利于未成年人身心健康的网络游戏广告的。

第五十八条 有下列行为之一的，由市场监督管理部门责令停止发布广告，责令广告主在相应范围内消除影响，处广告费用一倍以上三倍以下的罚款，广告费用无法计算或者明显偏低的，处十万元以上二十万元以下的罚款；情节严重的，处广告费用三倍以上五倍以下的罚款，广告费用无法计算或者明显偏低的，处二十万元以上一百万元以下的罚款，可以吊销营业执照，并由广告审查机关撤销广告审查批准文件、一年内不受理其广告审查申请：

（一）违反本法第十六条规定发布医疗、药品、医疗器械广告的；

（二）违反本法第十七条规定，在广告中涉及疾病治疗功能，以及使用医疗用语或者易使推销的商品与药品、医疗器械相混淆的用语的；

（三）违反本法第十八条规定发布保健食品广告的；

（四）违反本法第二十一条规定发布农药、兽药、饲料和饲料添加剂广告的；

（五）违反本法第二十三条规定发布酒类广告的；

（六）违反本法第二十四条规定发布教育、培训广告的；

（七）违反本法第二十五条规定发布招商等有投资回报预期的商品或者服务广告的；

（八）违反本法第二十六条规定发布房地产广告的；

（九）违反本法第二十七条规定发布农作物种子、林木种子、草种子、种畜禽、水产苗种和种养殖广告的；

（十）违反本法第三十八条第二款规定，利用不满十周岁的未成年人作为广告代言人的；

（十一）违反本法第三十八条第三款规定，利用自然人、法人或者其他组织作为广告代言人的；

（十二）违反本法第三十九条规定，在中小学校、幼儿园内或者利用与中小学生、幼儿有关的物品发布广告的；

（十三）违反本法第四十条第二款规定，发布针对不满十四周岁的未成年人的商品或者服务的广告的；

（十四）违反本法第四十六条规定，未经审查发布广告的。

医疗机构有前款规定违法行为，情节严重的，除由市场监督管理部门依照本法处罚外，卫生行政部门可以吊销诊疗科目或者吊销医疗机构执业许可证。

广告经营者、广告发布者明知或者应知有本条第一款规定违法行为仍设计、制作、代理、发布的，由市场监督管理部门没收广告费用，并处广告费用一倍以上三倍以下的罚款，广告费用无法计算或者明显偏低的，处十万元以上二十万元以下的罚款；情节严重的，处广告费用三倍以上五倍以下的罚款，广告费用无法计算或者明显偏低的，处二十万元以上一百万元以下的罚款，并可以由有关部门暂停广告发布业务、吊销营业执照。

第五十九条　有下列行为之一的，由市场监督管理部门责令停止发布广告，对广告主处十万元以下的罚款：

（一）广告内容违反本法第八条规定的；

（二）广告引证内容违反本法第十一条规定的；

（三）涉及专利的广告违反本法第十二条规定的；

（四）违反本法第十三条规定，广告贬低其他生产经营者的商品或者服务的。

广告经营者、广告发布者明知或者应知有前款规定违法行为仍设计、制作、代理、发布的，由市场监督管理部门处十万元以下的罚款。

广告违反本法第十四条规定，不具有可识别性的，或者违反本法第十九条规定，变相发布医疗、药品、医疗器械、保健食品广告的，由市场监督管理部门责令改正，对广告发布者处十万元以下的罚款。

第六十条　违反本法第三十四条规定，广告经营者、广告发布者未按照国家有关规定建立、健全广告业务管理制度的，或者未对广告内容进行核对的，由市场监督管理部门责令改正，可以处五万元以下的罚款。

违反本法第三十五条规定，广告经营者、广告发布者未公布其收费标准和收费办法的，由价格主管部门责令改正，可以处五万元以下的罚款。

第六十一条　广告代言人有下列情形之一的，由市场监督管理部门没收违法所得，并处违法所得一倍以上二倍以下的罚款：

（一）违反本法第十六条第一款第四项规定，在医疗、药品、医疗器械广告中作推荐、证明的；

（二）违反本法第十八条第一款第五项规定，在保健食品广告中作推荐、证明的；

（三）违反本法第三十八条第一款规定，为其未使用过的商品或者未接受过的服务作推荐、证明的；

（四）明知或者应知广告虚假仍在广告中对商品、服务作推荐、证明的。

第六十二条　违反本法第四十三条规定发送广告的，由有关部门责令停止违法行为，对广告主处五千元以上三万元以下的罚款。

违反本法第四十四条第二款规定，利用互联网发布广告，未显著标明关闭标志，确保一键关闭的，由市场监督管理部门责令改正，对广告主处五千元以上三万元以下的罚款。

第六十三条　违反本法第四十五条规定，公共场所的管理者和电信业务经营者、互联网信息服务提供者，明知或者应知广告活动违法不予制止的，由市场监督管理部门没收违法所得，违法所得五万元以上的，并处违法所得一倍以上三倍以下的罚款，违法所得不足五万元的，并处一万元以上五万元以下的罚款；情节严重的，由有关部门依法停止相关业务。

第六十四条　违反本法规定，隐瞒真实情况或者提供虚假材料申请广告审查的，广告审查机关不予受理或者不予批准，予以警告，一年内不受理该申请人的广告审查申请；以欺骗、贿赂等不正当手段取得广告审查批准的，广告审查机关予以撤销，处十万元以上二十万元以下的罚款，三年内不受理该申请人的广告审查申请

第六十五条　违反本法规定，伪造、变造或者转让广告审查批准文件的，由市场监督管理部门没收违法所得，并处一万元以上十万元以下的罚款。

第六十六条　有本法规定的违法行为的，由市场监督管理部门记入信用档案，并依照有关法律、行政法规规定予以公示。

第六十七条　广播电台、电视台、报刊音像出版单位发布违法广告，或者以新闻报道形式变相发布广告，或者以介绍健康、养生知识等形式变相发布医疗、药品、医疗器械、保健食品广告，市场监督管理部门依照本法给予处罚的，应当通报新闻出版、广播电视主管部门以及其他有关部门。新闻出版、广播电视主管部门以及其他有关部门应当依法对负有责任的主管人员和直接责任人员给予处分；情节严重的，并可以暂停媒体的广告发布业务。

新闻出版、广播电视主管部门以及其他有关部门未依照前款规定对广播电台、电视台、报刊音像出版单位进行处理的，对负有责任的主管人员和直接责任人员，依法给予处分。

第六十八条　广告主、广告经营者、广告发布者违反本法规定，有下列侵权行为之一的，依法承担民事责任：

（一）在广告中损害未成年人或者残疾人的身心健康的；

（二）假冒他人专利的；

（三）贬低其他生产经营者的商品、服务的；

（四）在广告中未经同意使用他人名义或者形象的；

（五）其他侵犯他人合法民事权益的。

第六十九条　因发布虚假广告，或者有其他本法规定的违法行为，被吊销营业执照的公司、企业的法定代表人，对违法行为负有个人责任的，自该公司、企业被吊销营业执照之日起三年内不得担任公司、企业的董事、监事、高级管理人员。

第七十条　违反本法规定，拒绝、阻挠市场监督管理部门监督检查，或者有其他构成违反治安管理行为的，依法给予治安管理处罚；构成犯罪的，依法追究刑事责任。

第七十一条　广告审查机关对违法的广告内容作出审查批准决定的，对负有责任的主管人员和直接责任人员，由任免机关或者监察机关依法给予处分；构成犯罪的，依法追究刑事责任。

第七十二条　市场监督管理部门对在履行广告监测职责中发现的违法广告行为或者对经投诉、举报的违法广告行为，不依法予以查处的，对负有责任的主管人员和直接责任人员，依法给予处分。

市场监督管理部门和负责广告管理相关工作的有关部门的工作人员玩忽职守、滥用职权、徇私舞弊的，依法给予处分。

有前两款行为，构成犯罪的，依法追究刑事责任。

第六章　附　则

第七十三条　国家鼓励、支持开展公益广告宣传活动，传播社会主义核心价值观，倡导文明风尚。

大众传播媒介有义务发布公益广告。广播电台、电视台、报刊出版单位应当按照规定的版面、时段、时长发布公益广告。公益广告的管理办法，由国务院市场监督管理部门会同有关部门制定。

第七十四条　本法自 2015 年 9 月 1 日起施行。

附录2　互联网广告管理办法

（2023 年 2 月 25 日国家市场监督管理总局令第 72 号公布　自 2023 年 5 月 1 日起施行）

第一条　为了规范互联网广告活动，保护消费者的合法权益，促进互联网广告业健康发展，维护公平竞争的市场经济秩序，根据《中华人民共和国广告法》（以下简称广告法）《中华人民共和国电子商务法》（以下简称电子商务法）等法律、行政法规，制定本办法。

第二条　在中华人民共和国境内，利用网站、网页、互联网应用程序等互联网媒介，以文字、图片、音频、视频或者其他形式，直接或者间接地推销商品或者服务的商业广告活动，适用广告法和本办法的规定。

法律、行政法规、部门规章、强制性国家标准以及国家其他有关规定要求应当展示、标示、告知的信息，依照其规定。

第三条　互联网广告应当真实、合法，坚持正确导向，以健康的表现形式表达广告内容，符合社会主义精神文明建设和弘扬中华优秀传统文化的要求。

利用互联网从事广告活动，应当遵守法律、法规，诚实信用，公平竞争。

国家鼓励、支持开展互联网公益广告宣传活动，传播社会主义核心价值观和中华优秀传统文化，倡导文明风尚。

第四条　利用互联网为广告主或者广告主委托的广告经营者发布广告的自然人、法人或者其他组织，适用广告法和本办法关于广告发布者的规定。

利用互联网提供信息服务的自然人、法人或者其他组织，适用广告法和本办法关于互联网信息服务提供者的规定；从事互联网广告设计、制作、代理、发布等活动的，应当适用广告法和本办法关于广告经营者、广告发布者等主体的规定。

第五条　广告行业组织依照法律、法规、部门规章和章程的规定，制定行业规范、自律公约和团体标准，加强行业自律，引导会员主动践行社会主义核心价值观、依法从事互联网广告活动，推动诚信建设，促进行业健康发展。

第六条　法律、行政法规规定禁止生产、销售的产品或者提供的服务，以及禁止发布广告的商品或者服务，任何单位或者个人不得利用互联网设计、制作、代理、发布广告。

禁止利用互联网发布烟草（含电子烟）广告。

禁止利用互联网发布处方药广告，法律、行政法规另有规定的，依照其规定。

第七条　发布医疗、药品、医疗器械、农药、兽药、保健食品、特殊医学用途配方食品广告等法律、行政法规规定应当进行审查的广告，应当在发布前由广告审查机关对广告内容进行审查；未经审查，不得发布。

对须经审查的互联网广告，应当严格按照审查通过的内容发布，不得剪辑、拼接、修改。已经审查通过的广告内容需要改动的，应当重新申请广告审查。

第八条　禁止以介绍健康、养生知识等形式，变相发布医疗、药品、医疗器械、保健食品、特殊医学用途配方食品广告。

介绍健康、养生知识的，不得在同一页面或者同时出现相关医疗、药品、医疗器械、保健食品、特殊医学用途配方食品的商品经营者或者服务提供者地址、联系方式、购物链接等内容。

第九条　互联网广告应当具有可识别性，能够使消费者辨明其为广告。

对于竞价排名的商品或者服务，广告发布者应当显著标明"广告"，与自然搜索结果明显区分。

除法律、行政法规禁止发布或者变相发布广告的情形外，通过知识介绍、体验分享、消费测评等形式推销商品或者服务，并附加购物链接等购买方式的，广告发布者应当显著标明"广告"。

第十条　以弹出等形式发布互联网广告，广告主、广告发布者应当显著标明关闭标志，确保一键关闭，不得有下列情形：

（一）没有关闭标志或者计时结束才能关闭广告；

（二）关闭标志虚假、不可清晰辨识或者难以定位等，为关闭广告设置障碍；

（三）关闭广告须经两次以上点击；

（四）在浏览同一页面、同一文档过程中，关闭后继续弹出广告，影响用户正常使用网络；

（五）其他影响一键关闭的行为。

启动互联网应用程序时展示、发布的开屏广告适用前款规定。

第十一条　不得以下列方式欺骗、误导用户点击、浏览广告：

（一）虚假的系统或者软件更新、报错、清理、通知等提示；

（二）虚假的播放、开始、暂停、停止、返回等标志；

（三）虚假的奖励承诺；

（四）其他欺骗、误导用户点击、浏览广告的方式。

第十二条　在针对未成年人的网站、网页、互联网应用程序、公众号等互联网媒介上不得发布医疗、药品、保健食品、特殊医学用途配方食品、医疗器械、化妆品、酒类、美容广告，以及不利于未成年人身心健康的网络游戏广告。

第十三条　广告主应当对互联网广告内容的真实性负责。

广告主发布互联网广告的，主体资格、行政许可、引证内容等应当符合法律法规的要求，相关证明文件应当真实、合法、有效。

广告主可以通过自建网站，以及自有的客户端、互联网应用程序、公众号、网络店铺页面等互联网媒介自行发布广告，也可以委托广告经营者、广告发布者发布广告。

广告主自行发布互联网广告的，广告发布行为应当符合法律法规的要求，建立广告档案并及时更新。相关档案保存时间自广告发布行为终了之日起不少于三年。

广告主委托发布互联网广告，修改广告内容时应当以书面形式或者其他可以被确认的方式，及时通知为其提供服务的广告经营者、广告发布者。

第十四条　广告经营者、广告发布者应当按照下列规定，建立、健全和实施互联网广告业务的承接登记、审核、档案管理制度：

（一）查验并登记广告主的真实身份、地址和有效联系方式等信息，建立广告档案并定期查验更新，记录、保存广告活动的有关电子数据；相关档案保存时间自广告发布行为终了之日起不少于三年；

（二）查验有关证明文件，核对广告内容，对内容不符或者证明文件不全的广告，广告经营者不得提供设计、制作、代理服务，广告发布者不得发布；

（三）配备熟悉广告法律法规的广告审核人员或者设立广告审核机构。

本办法所称身份信息包括名称（姓名）、统一社会信用代码（身份证件号码）等。

广告经营者、广告发布者应当依法配合市场监督管理部门开展的互联网广告行业调查，及时提供真实、准确、完整的资料。

第十五条　利用算法推荐等方式发布互联网广告的，应当将其算法推荐服务相关规则、广告投放记录等记入广告档案。

第十六条　互联网平台经营者在提供互联网信息服务过程中应当采取措施防范、制止违法广告，并遵守下列规定：

（一）记录、保存利用其信息服务发布广告的用户真实身份信息，信息记录保存时间自信息服务提供行为终了之日起不少于三年；

（二）对利用其信息服务发布的广告内容进行监测、排查，发现违法广告的，应当采取通知改正、删除、屏蔽、断开发布链接等必要措施予以制止，并保留相关记录；

（三）建立有效的投诉、举报受理和处置机制，设置便捷的投诉举报入口或者公布投诉举报方式，及时受理和处理投诉举报；

（四）不得以技术手段或者其他手段阻挠、妨碍市场监督管理部门开展广告监测；

（五）配合市场监督管理部门调查互联网广告违法行为，并根据市场监督管理部门的要求，及时采取技术手段保存涉嫌违法广告的证据材料，如实提供相关广告发布者的真实身份信息、广告修改记录以及相关商品或者服务的交易信息等；

（六）依据服务协议和平台规则对利用其信息服务发布违法广告的用户采取警示、暂停或者终止服务等措施。

第十七条　利用互联网发布、发送广告，不得影响用户正常使用网络，不得在搜索政务服务网站、网页、互联网应用程序、公众号等的结果中插入竞价排名广告。

未经用户同意、请求或者用户明确表示拒绝的，不得向其交通工具、导航设备、智能家电等发送互联网广告，不得在用户发送的电子邮件或者互联网即时通讯信息中附加广告或者广告链接。

第十八条　发布含有链接的互联网广告，广告主、广告经营者和广告发布者应当核对下一级链接中与前端广告相关的广告内容。

第十九条　商品销售者或者服务提供者通过互联网直播方式推销商品或者服务，构成商业广告的，应当依法承担广告主的责任和义务。

直播间运营者接受委托提供广告设计、制作、代理、发布服务的，应当依法承担广告经营者、广告发布者的责任和义务。

直播营销人员接受委托提供广告设计、制作、代理、发布服务的，应当依法承担广告经营者、广告发布者的责任和义务。

直播营销人员以自己的名义或者形象对商品、服务作推荐、证明，构成广告代言的，应当依法承担广告代言人的责任和义务。

第二十条　对违法互联网广告实施行政处罚，由广告发布者所在地市场监督管理部门管辖。广告发布者所在地市场监督管理部门管辖异地广告主、广告经营者、广告代言人以及互联网信息服务提供者有困难的，可以将违法情况移送其所在地市场监督管理部门处理。广告代言人为自然人的，为广告代言人提供经纪服务的机构所在地、广告代言人户籍地或者经常居住地为其所在地。

广告主所在地、广告经营者所在地市场监督管理部门先行发现违法线索或者收到投诉、举报的，也可以进行管辖。

对广告主自行发布违法广告的行为实施行政处罚，由广告主所在地市场监督管理部门管辖。

第二十一条　市场监督管理部门在查处违法互联网广告时，可以依法行使下列职权：

（一）对涉嫌从事违法广告活动的场所实施现场检查；

（二）询问涉嫌违法当事人或者其法定代表人、主要负责人和其他有关人员，对有关单位或者个人进行调查；

（三）要求涉嫌违法当事人限期提供有关证明文件；

（四）查阅、复制与涉嫌违法广告有关的合同、票据、账簿、广告作品和互联网广告相关数据，包括采用截屏、录屏、网页留存、拍照、录音、录像等方式保存互联网广告内容；

（五）查封、扣押与涉嫌违法广告直接相关的广告物品、经营工具、设备等财物；

（六）责令暂停发布可能造成严重后果的涉嫌违法广告；

（七）法律、行政法规规定的其他职权。

市场监督管理部门依法行使前款规定的职权时，当事人应当协助、配合，不得拒绝、阻挠或者隐瞒真实情况。

第二十二条　市场监督管理部门对互联网广告的技术监测记录资料，可以作为对违法广告实施行政处罚或者采取行政措施的证据。

第二十三条　违反本办法第六条、第十二条规定的，依照广告法第五十七条规定予以处罚。

第二十四条　违反本办法第七条规定，未经审查或者未按广告审查通过的内容发布互联网广告的，依照广告法第五十八条规定予以处罚。

第二十五条　违反本办法第八条、第九条规定，变相发布医疗、药品、医疗器械、保健食品、特殊医学用途配方食品广告，或者互联网广告不具有可识别性的，依照广告法第五十九条第三款规定予以处罚。

第二十六条　违反本办法第十条规定，以弹出等形式发布互联网广告，未显著标明关闭标志，确保一键关闭的，依照广告法第六十二条第二款规定予以处罚。

广告发布者实施前款规定行为的，由县级以上市场监督管理部门责令改正，拒不改正的，处五千元以上三万元以下的罚款。

第二十七条　违反本办法第十一条规定，欺骗、误导用户点击、浏览广告的，法律、行政法规有规定的，依照其规定；法律、行政法规没有规定的，由县级以上市场监督管理部门责令改正，对广告主、广告经营者、广告发布者处五千元以上三万元以下的罚款。

第二十八条　违反本办法第十四条第一款、第十五条、第十八条规定，广告经营者、广告发布者未按规定建立、健全广告业务管理制度的，或者未对广告内容进行核对的，依据广告法第六十条第一款规定予以处罚。

违反本办法第十三条第四款、第十五条、第十八条规定，广告主未按规定建立广告档案，或者未对广告内容进行核对的，由县级以上市场监督管理部门责令改正，可以处五万元以下的罚款。

广告主、广告经营者、广告发布者能够证明其已履行相关责任、采取措施防止链接的广告内容被篡改，并提供违法广告活动主体的真实名称、地址和有效联系方式的，可以依法从轻、减轻或者不予行政处罚。

违反本办法第十四条第三款，广告经营者、广告发布者拒不配合市场监督管理部门开展的互联网广告行业调查，或者提供虚假资料的，由县级以上市场监督管理部门责令改正，可以处一万元以上三万元以下的罚款。

第二十九条　互联网平台经营者违反本办法第十六条第一项、第三项至第五项规定，法律、行政法规有规定的，依照其规定；法律、行政法规没有规定的，由县级以上市场监督管理部门责令改正，处一万元以上五万元以下的罚款。

互联网平台经营者违反本办法第十六条第二项规定，明知或者应知互联网广告活动违法不予制止的，依照广告法第六十三条规定予以处罚。

第三十条　违反本办法第十七条第一款规定，法律、行政法规有规定的，依照其规定；法律、行政法规没有规定的，由县级以上市场监督管理部门责令改正，对广告主、广告经营者、广告发布者处五千元以上三万元以下的罚款。

违反本办法第十七条第二款规定，未经用户同意、请求或者用户明确表示拒绝，向其交通工具、导航设备、智能家电等发送互联网广告的，依照广告法第六十二条第一款规定予以处罚；在用户发送的电子邮件或者互联网即时通讯信息中附加广告或者广告链接的，由县级以上市场监督管理部门责令改正，处五千元以上三万元以下的罚款。

第三十一条　市场监督管理部门依照广告法和本办法规定所作出的行政处罚决定，应当依法通过国家企业信用信息公示系统向社会公示；性质恶劣、情节严重、社会危害较大的，按照《市场监督管理严重违法失信名单管理办法》的有关规定列入严重违法失信名单。

第三十二条　本办法自 2023 年 5 月 1 日起施行。2016 年 7 月 4 日原国家工商行政管理总局令第 87 号公布的《互联网广告管理暂行办法》同时废止。

附录3　网络短视频平台管理规范

开展短视频服务的网络平台，应当遵守本规范。

一、总体规范

1. 开展短视频服务的网络平台，应当持有"信息网络传播视听节目许可证"（AVSP）等法律法规规定的相关资质，并严格在许可证规定的业务范围内开展业务。

2. 网络短视频平台应当积极引入主流新闻媒体和党政军机关团体等机构开设账户，提高正面优质短视频内容供给。

3. 网络短视频平台应当建立总编辑内容管理负责制度。

4. 网络短视频平台实行节目内容先审后播制度。平台上播出的所有短视频均应经内容审核后方可播出，包括节目的标题、简介、弹幕、评论等内容。

5. 网络平台开展短视频服务，应当根据其业务规模，同步建立政治素质高、业务能力强的审核员队伍。审核员应当经过省级以上广电管理部门组织的培训，审核员数量与上传和播出的短视频条数应当相匹配。原则上，审核员人数应当在本平台每天新增播出短视频条数的千分之一以上。

6. 对不遵守本规范的，应当实行责任追究制度。

二、上传（合作）账户管理规范

1. 网络短视频平台对在本平台注册账户上传节目的主体，应当实行实名认证管理制度。对机构注册账户上传节目的（简称 PGC），应当核实其组织机构代码证等信息；对个人注册账户上传节目的（简称 UGC），应当核实身份证等个人身份信息。

2. 网络短视频平台对在本平台注册的机构账户和个人账户，应当与其先签署体现本《规范》要求的合作协议，方可开通上传功能。

3. 对持有"信息网络传播视听节目许可证"的 PGC 机构，平台应当监督其上传的节目是否在许可证规定的业务范围内。对超出许可范围上传节目的，应当停止与其合作。未持有"信息网络传播视听节目许可证"的 PGC 机构上传的节目，只能作为短视频平台的节目素材，供平台审查通过后，在授权情况下使用。

4. 网络短视频平台应当建立"违法违规上传账户名单库"。一周内三次以上上传含有违法违规内容节目的 UGC 账户，及上传重大违法内容节目的 UGC 账户，平台应当将其身份信息、头像、账户名称等信息纳入"违法违规上传账户名单库"。

5. 各网络短视频平台对"违法违规上传账户名单库"实行信息共享机制。对被列入"违法违规上传账户名单库"中的人员，各网络短视频平台在规定时期内不得为其开通上传账户。

6. 根据上传违法节目行为的严重性，列入"违法违规上传账户名单库"中的人员的禁播期，分别为一年、三年、永久三个档次。

三、内容管理规范

1. 网络短视频平台在内容版面设置上，应当围绕弘扬社会主义核心价值观，加强正向议题设置，加强正能量内容建设和储备。

2. 网络短视频平台应当履行版权保护责任，不得未经授权自行剪切、改编电影、电视剧、网络电影、网络剧等各类广播电视视听作品；不得转发 UGC 上传的电影、电视剧、网络电影、网络剧等各类广播电视视听作品片段；在未得到 PGC 机构提供的版权证明的情况下，也不得转发 PGC 机构上传的电影、电视剧、网络电影、网络剧等各类广播电视视听作品片段。

3. 网络短视频平台应当遵守国家新闻节目管理规定，不得转发 UGC 上传的时政类、社会类新闻短视频节目；不得转发尚未核实是否具有视听新闻节目首发资质的 PGC 机构上传的时政类、社会类新闻短视频节目。

4. 网络短视频平台不得转发国家尚未批准播映的电影、电视剧、网络影视剧中的片段，以及已被国家明令禁止的广播电视节目、网络节目中的片段。

5. 网络短视频平台对节目内容的审核，应当按照国家广播电视总局和中国网络视听节目服务协会制定的内容标准进行。

四、技术管理规范

1. 网络短视频平台应当合理设计智能推送程序，优先推荐正能量内容。

2. 网络短视频平台应当采用新技术手段，如用户画像、人脸识别、指纹识别等，确保落实账户实名制管理制度。

3. 网络短视频平台应当建立未成年人保护机制，采用技术手段对未成年人在线时间予以限制，设立未成年人家长监护系统，有效防止未成人沉迷短视频。

附录 4 网络直播营销管理办法（试行）

第一章 总 则

第一条 为加强网络直播营销管理，维护国家安全和公共利益，保护公民、法人和其他组织的合法权益，促进网络直播营销健康有序发展，根据《中华人民共和国网络安全法》《中华人民共和国电子商务法》《中华人民共和国广告法》《中华人民共和国反不正当竞争法》《网络信息内容生态治理规定》等法律、行政法规和国家有关规定，制定本办法。

第二条 在中华人民共和国境内，通过互联网站、应用程序、小程序等，以视频直播、音频直播、图文直播或多种直播相结合等形式开展营销的商业活动，适用本办法。

本办法所称直播营销平台，是指在网络直播营销中提供直播服务的各类平台，包括互联网直播服务平台、互联网音视频服务平台、电子商务平台等。

本办法所称直播间运营者，是指在直播营销平台上注册账号或者通过自建网站等其他网络服务，开设直播间从事网络直播营销活动的个人、法人和其他组织。

本办法所称直播营销人员，是指在网络直播营销中直接向社会公众开展营销的个人。

本办法所称直播营销人员服务机构，是指为直播营销人员从事网络直播营销活动提供策划、运营、经纪、培训等的专门机构。

从事网络直播营销活动，属于《中华人民共和国电子商务法》规定的"电子商务平台经营者"或"平台内经营者"定义的市场主体，应当依法履行相应的责任和义务。

第三条 从事网络直播营销活动，应当遵守法律法规，遵循公序良俗，遵守商业道德，坚持正确导向，弘扬社会主义核心价值观，营造良好网络生态。

第四条 国家网信部门和国务院公安、商务、文化和旅游、税务、市场监督管理、广播电视等有关主管部门建立健全线索移交、信息共享、会商研判、教育培训等工作机制，依据各自职责做好网络直播营销相关监督管理工作。

县级以上地方人民政府有关主管部门依据各自职责做好本行政区域内网络直播营销相关监督管理工作。

第二章　直播营销平台

第五条 直播营销平台应当依法依规履行备案手续，并按照有关规定开展安全评估。

从事网络直播营销活动，依法需要取得相关行政许可的，应当依法取得行政许可。

第六条　直播营销平台应当建立健全账号及直播营销功能注册注销、信息安全管理、营销行为规范、未成年人保护、消费者权益保护、个人信息保护、网络和数据安全管理等机制、措施。

直播营销平台应当配备与服务规模相适应的直播内容管理专业人员，具备维护互联网直播内容安全的技术能力，技术方案应符合国家相关标准。

第七条　直播营销平台应当依据相关法律法规和国家有关规定，制定并公开网络直播营销管理规则、平台公约。

直播营销平台应当与直播营销人员服务机构、直播间运营者签订协议，要求其规范直播营销人员招募、培训、管理流程，履行对直播营销内容、商品和服务的真实性、合法性审核义务。

直播营销平台应当制定直播营销商品和服务负面目录，列明法律法规规定的禁止生产销售、禁止网络交易、禁止商业推销宣传以及不适宜以直播形式营销的商品和服务类别。

第八条　直播营销平台应当对直播间运营者、直播营销人员进行基于身份证件信息、统一社会信用代码等真实身份信息认证，并依法依规向税务机关报送身份信息和其他涉税信息。直播营销平台应当采取必要措施保障处理的个人信息安全。

直播营销平台应当建立直播营销人员真实身份动态核验机制，在直播前核验所有直播营销人员身份信息，对与真实身份信息不符或按照国家有关规定不得从事网络直播发布的，不得为其提供直播发布服务。

第九条　直播营销平台应当加强网络直播营销信息内容管理，开展信息发布审核和实时巡查，发现违法和不良信息，应当立即采取处置措施，保存有关记录，并向有关主管部门报告。

直播营销平台应当加强直播间内链接、二维码等跳转服务的信息安全管理，防范信息安全风险。

第十条　直播营销平台应当建立健全风险识别模型，对涉嫌违法违规的高风险营销行为采取弹窗提示、违规警示、限制流量、暂停直播等措施。直播营销平台应当以显著方式警示用户平台外私下交易等行为的风险。

第十一条　直播营销平台提供付费导流等服务，对网络直播营销进行宣传、推广，构成商业广告的，应当履行广告发布者或者广告经营者的责任和义务。

直播营销平台不得为直播间运营者、直播营销人员虚假或者引人误解的商业宣传提供帮助、便利条件。

第十二条 直播营销平台应当建立健全未成年人保护机制，注重保护未成年人身心健康。网络直播营销中包含可能影响未成年人身心健康内容的，直播营销平台应当在信息展示前以显著方式作出提示。

第十三条 直播营销平台应当加强新技术新应用新功能上线和使用管理，对利用人工智能、数字视觉、虚拟现实、语音合成等技术展示的虚拟形象从事网络直播营销的，应当按照有关规定进行安全评估，并以显著方式予以标识。

第十四条 直播营销平台应当根据直播间运营者账号合规情况、关注和访问量、交易量和金额及其他指标维度，建立分级管理制度，根据级别确定服务范围及功能，对重点直播间运营者采取安排专人实时巡查、延长直播内容保存时间等措施。

直播营销平台应当对违反法律法规和服务协议的直播间运营者账号，视情采取警示提醒、限制功能、暂停发布、注销账号、禁止重新注册等处置措施，保存记录并向有关主管部门报告。

直播营销平台应当建立黑名单制度，将严重违法违规的直播营销人员及因违法失德造成恶劣社会影响的人员列入黑名单，并向有关主管部门报告。

第十五条 直播营销平台应当建立健全投诉、举报机制，明确处理流程和反馈期限，及时处理公众对于违法违规信息内容、营销行为投诉举报。

消费者通过直播间内链接、二维码等方式跳转到其他平台购买商品或者接受服务，发生争议时，相关直播营销平台应当积极协助消费者维护合法权益，提供必要的证据等支持。

第十六条 直播营销平台应当提示直播间运营者依法办理市场主体登记或税务登记，如实申报收入，依法履行纳税义务，并依法享受税收优惠。直播营销平台及直播营销人员服务机构应当依法履行代扣代缴义务。

第三章 直播间运营者和直播营销人员

第十七条 直播营销人员或者直播间运营者为自然人的，应当年满十六周岁；十六周岁以上的未成年人申请成为直播营销人员或者直播间运营者的，应当经监护人同意。

第十八条　直播间运营者、直播营销人员从事网络直播营销活动，应当遵守法律法规和国家有关规定，遵循社会公序良俗，真实、准确、全面地发布商品或服务信息，不得有下列行为：

（一）违反《网络信息内容生态治理规定》第六条、第七条规定的；

（二）发布虚假或者引人误解的信息，欺骗、误导用户；

（三）营销假冒伪劣、侵犯知识产权或不符合保障人身、财产安全要求的商品；

（四）虚构或者篡改交易、关注度、浏览量、点赞量等数据流量造假；

（五）知道或应当知道他人存在违法违规或高风险行为，仍为其推广、引流；

（六）骚扰、诋毁、谩骂及恐吓他人，侵害他人合法权益；

（七）传销、诈骗、赌博、贩卖违禁品及管制物品等；

（八）其他违反国家法律法规和有关规定的行为。

第十九条　直播间运营者、直播营销人员发布的直播内容构成商业广告的，应当履行广告发布者、广告经营者或者广告代言人的责任和义务。

第二十条　直播营销人员不得在涉及国家安全、公共安全、影响他人及社会正常生产生活秩序的场所从事网络直播营销活动。

直播间运营者、直播营销人员应当加强直播间管理，在下列重点环节的设置应当符合法律法规和国家有关规定，不得含有违法和不良信息，不得以暗示等方式误导用户：

（一）直播间运营者账号名称、头像、简介；

（二）直播间标题、封面；

（三）直播间布景、道具、商品展示；

（四）直播营销人员着装、形象；

（五）其他易引起用户关注的重点环节。

第二十一条　直播间运营者、直播营销人员应当依据平台服务协议做好语音和视频连线、评论、弹幕等互动内容的实时管理，不得以删除、屏蔽相关不利评价等方式欺骗、误导用户。

第二十二条　直播间运营者应当对商品和服务供应商的身份、地址、联系方式、行政许可、信用情况等信息进行核验，并留存相关记录备查。

第二十三条　直播间运营者、直播营销人员应当依法依规履行消费者权益保护责任和义务，不得故意拖延或者无正当理由拒绝消费者提出的合法合理要求。

第二十四条　直播间运营者、直播营销人员与直播营销人员服务机构合作开展商业合作的，应当与直播营销人员服务机构签订书面协议，明确信息安全管理、商品质量审核、消费者权益保护等义务并督促履行。

第二十五条　直播间运营者、直播营销人员使用其他人肖像作为虚拟形象从事网络直播营销活动的，应当征得肖像权人同意，不得利用信息技术手段伪造等方式侵害他人的肖像权。对自然人声音的保护，参照适用前述规定。

第四章　监督管理和法律责任

第二十六条　有关部门根据需要对直播营销平台履行主体责任情况开展监督检查，对存在问题的平台开展专项检查。

直播营销平台对有关部门依法实施的监督检查，应当予以配合，不得拒绝、阻挠。直播营销平台应当为有关部门依法调查、侦查活动提供技术支持和协助。

第二十七条　有关部门加强对行业协会商会的指导，鼓励建立完善行业标准，开展法律法规宣传，推动行业自律。

第二十八条　违反本办法，给他人造成损害的，依法承担民事责任；构成犯罪的，依法追究刑事责任；尚不构成犯罪的，由网信等有关主管部门依据各自职责依照有关法律法规予以处理。

第二十九条　有关部门对严重违反法律法规的直播营销市场主体名单实施信息共享，依法开展联合惩戒。

第五章　附则

第三十条　本办法自 2021 年 5 月 25 日起施行。

附录5 国家广播电视总局、文化和旅游部
关于印发《网络主播行为规范》的通知

各省、自治区、直辖市文化和旅游厅（局）、广播电视局，新疆生产建设兵团文化体育广电和旅游局：

为进一步规范网络主播从业行为，加强职业道德建设，促进行业健康有序发展，国家广播电视总局、文化和旅游部共同制定了《网络主播行为规范》。现印发给你们，请结合实际认真贯彻执行。

国家广播电视总局 文化和旅游部
2022 年 6 月 8 日

网络主播行为规范

网络主播在传播科学文化知识、丰富精神文化生活、促进经济社会发展等方面，肩负重要职责、发挥重要作用。为进一步加强网络主播职业道德建设，规范从业行为，强化社会责任，树立良好形象，共同营造积极向上、健康有序、和谐清朗的网络空间，制定本行为规范。

第一条 通过互联网提供网络表演、视听节目服务的主播人员，包括在网络平台直播、与用户进行实时交流互动、以上传音视频节目形式发声出镜的人员，应当遵照本行为规范。利用人工智能技术合成的虚拟主播及内容，参照本行为规范。

第二条 网络主播应当自觉遵守中华人民共和国宪法和法律法规规范，维护国家利益、公共利益和他人合法权益，自觉履行社会责任，自觉接受行业主管部门监管和社会监督。

第三条 网络主播应当遵守网络实名制注册账号的有关规定，配合平台提供真实有效的身份信息进行实名注册并规范使用账号名称。

第四条 网络主播应当坚持正确政治方向、舆论导向和价值取向，树立正确的世界观、人生观、价值观，积极践行社会主义核心价值观，崇尚社会公德、恪守职业道德、修养个人品德。

第五条 网络主播应当坚持以人民为中心的创作导向，传播的网络表演、视听节目内容应当反映时代新气象、讴歌人民新创造，弘扬中华优秀

传统文化，传播正能量，展现真善美，满足人民群众美好生活新需要。

第六条　网络主播应当坚持健康的格调品位，自觉摈弃低俗、庸俗、媚俗等低级趣味，自觉反对流量至上、畸形审美、"饭圈"乱象、拜金主义等不良现象，自觉抵制违反法律法规、有损网络文明、有悖网络道德、有害网络和谐的行为。

第七条　网络主播应当引导用户文明互动、理性表达、合理消费，共建文明健康的网络表演、网络视听生态环境。

第八条　网络主播应当保持良好声屏形象，表演、服饰、妆容、语言、行为、肢体动作及画面展示等要文明得体，符合大众审美情趣和欣赏习惯。

第九条　网络主播应当尊重公民和法人的名誉权、荣誉权，尊重个人隐私权、肖像权，尊重和保护未成年人、老年人、残疾人的合法权益。

第十条　网络主播应当遵守知识产权相关法律法规，自觉尊重他人知识产权。

第十一条　网络主播应当如实申报收入，依法履行纳税义务。

第十二条　网络主播应当按照规范写法和标准含义使用国家通用语言文字，增强语言文化素养，自觉遏阻庸俗暴戾网络语言传播，共建健康文明的网络语言环境。

第十三条　网络主播应当自觉加强学习，掌握从事主播工作所必需的知识和技能。

对于需要较高专业水平（如医疗卫生、财经金融、法律、教育）的直播内容，主播应取得相应执业资质，并向直播平台进行执业资质报备，直播平台应对主播进行资质审核及备案。

第十四条　网络主播在提供网络表演及视听节目服务过程中不得出现下列行为：

1. 发布违反宪法所确定的基本原则及违反国家法律法规的内容；

2. 发布颠覆国家政权，危害国家统一、主权和领土完整，危害国家安全，泄露国家秘密，损害国家尊严、荣誉和利益的内容；

3. 发布削弱、歪曲、否定中国共产党的领导、社会主义制度和改革开放的内容；

4. 发布诋毁民族优秀文化传统，煽动民族仇恨、民族歧视，歪曲民族历史或者民族历史人物，伤害民族感情、破坏民族团结，或者侵害民族风俗、习惯的内容；

5. 违反国家宗教政策，在非宗教场所开展宗教活动，宣扬宗教极端主义、邪教等内容；

6. 恶搞、诋毁、歪曲或者以不当方式展现中华优秀传统文化、革命文化、社会主义先进文化；

7. 恶搞、歪曲、丑化、亵渎、否定英雄烈士和模范人物的事迹和精神；

8. 使用换脸等深度伪造技术对党和国家领导人、英雄烈士、党史、历史等进行伪造、篡改；

9. 损害人民军队、警察、法官等特定职业、群体的公众形象；

10. 宣扬基于种族、国籍、地域、性别、职业、身心缺陷等理由的歧视；

11. 宣扬淫秽、赌博、吸毒，渲染暴力、血腥、恐怖、传销、诈骗，教唆犯罪或者传授犯罪方法，暴露侦查手段，展示枪支、管制刀具；

12. 编造、故意传播虚假恐怖信息、虚假险情、疫情、灾情、警情，扰乱社会治安和公共秩序，破坏社会稳定；

13. 展现过度的惊悚恐怖、生理痛苦、精神歇斯底里，造成强烈感官、精神刺激并可致人身心不适的画面、台词、音乐及音效等；

14. 侮辱、诽谤他人或者散布他人隐私，侵害他人合法权益；

15. 未经授权使用他人拥有著作权的作品；

16. 对社会热点和敏感问题进行炒作或者蓄意制造舆论"热点"；

17. 炒作绯闻、丑闻、劣迹，传播格调低下的内容，宣扬违背社会主义核心价值观、违反公序良俗的内容；

18. 服饰妆容、语言行为、直播间布景等展现带有性暗示、性挑逗的内容；

19. 介绍或者展示自杀、自残、暴力血腥、高危动作和其他易引发未成年人模仿的危险行为，表现吸烟、酗酒等诱导未成年人不良嗜好的内容；

20. 利用未成年人或未成年人角色进行非广告类的商业宣传、表演或作为噱头获取商业或不正当利益，指引错误价值观、人生观和道德观的内容；

21. 宣扬封建迷信文化习俗和思想、违反科学常识等内容；

22. 破坏生态环境，展示虐待动物，捕杀、食用国家保护类动物等内容；

23. 铺张浪费粮食，展示假吃、催吐、暴饮暴食等，或其他易造成不良饮食消费、食物浪费示范的内容；

24. 引导用户低俗互动，组织煽动粉丝互撕谩骂、拉踩引战、造谣攻击，实施网络暴力；

25. 营销假冒伪劣、侵犯知识产权或不符合保障人身、财产安全要求的商品，虚构或者篡改交易、关注度、浏览量、点赞量等数据流量造假；

26. 夸张宣传误导消费者，通过虚假承诺诱骗消费者，使用绝对化用语，未经许可直播销售专营、专卖物品等违反广告相关法律法规的；

27. 通过"弹幕"、直播间名称、公告、语音等传播虚假、骚扰广告；

28. 通过有组织炒作、雇佣水军刷礼物、宣传"刷礼物抽奖"等手段，暗示、诱惑、鼓励用户大额"打赏"，引诱未成年用户"打赏"或以虚假身份信息"打赏"；

29. 在涉及国家安全、公共安全，影响社会正常生产、生活秩序，影响他人正常生活、侵犯他人隐私等场所和其他法律法规禁止的场所拍摄或播出；

30. 展示或炒作大量奢侈品、珠宝、纸币等资产，展示无节制奢靡生活，贬低低收入群体的炫富行为；

31. 法律法规禁止的以及其他对网络表演、网络视听生态造成不良影响的行为。

第十五条 各级文化和旅游行政部门、广播电视行政部门要坚持以习近平新时代中国特色社会主义思想为指导，加强对网络表演、网络视听平台和经纪机构以及网络主播的监督管理，切实压紧压实主管主办责任和主体责任。发现网络主播违规行为，及时责成相关网络表演、网络视听平台予以处理。网络表演、网络视听平台和经纪机构规范网络主播情况及网络主播规范从业情况，纳入文化和旅游行政部门、广播电视行政部门许可管理、日常管理、安全检查、节目上线管理考察范围。

第十六条 各级文化和旅游行政部门、广播电视行政部门、文化市场综合执法机构要进一步加强对网络表演、网络视听平台和经纪机构的执法巡查，依法查处提供违法违规内容的网络表演和网络视听平台，并督促平台和经纪机构及时处置违法违规内容及相关网络主播。

第十七条　网络表演、网络视听平台和经纪机构要严格履行法定职责义务，落实主体责任。根据本行为规范，加强对网络主播的教育培训、日常管理和规范引导。建立健全网络主播入驻、培训、日常管理、业务评分档案和"红黄牌"管理等内部制度规范。对向上向善、模范遵守行为规范的网络主播进行正向激励；对出现违规行为的网络主播，要强化警示和约束；对问题性质严重、多次出现问题且屡教不改的网络主播，应当封禁账号，将相关网络主播纳入"黑名单"或"警示名单"，不允许以更换账号或更换平台等形式再度开播。对构成犯罪的网络主播，依法追究刑事责任。对违法失德艺人不得提供公开进行文艺表演、发声出镜机会，防止转移阵地复出。网络表演、网络视听经纪机构要加强对网络主播的管理和约束，依法合规提供经纪服务，维护网络主播合法权益。

第十八条　各有关行业协会要加强引导，根据本行为规范，建立健全网络主播信用评价体系，进一步完善行业规范和自律公约，探索建立平台与主播约束关系机制，积极开展道德评议，强化培训引导服务，维护良好网络生态，促进行业规范发展。对违法违规、失德失范、造成恶劣社会影响的网络主播要定期公布，引导各平台联合抵制、严肃惩戒。